田中共子 Tomoko Tanaka

Psychology of
Cross-cultural
Contact

異文化接触の心理学

心理学

	General	Specific
Awareness	AG	AS
Understanding	UG	US
Coping	CG	CS

**AUC-GS学習モデルで学ぶ
文化の交差と共存**

ナカニシヤ出版

まえがき

　私は大学で異文化接触の心理学，異文化間心理学特論，異文化適応論などと題した授業を行ってきました。このたびナカニシヤ出版さんからその教材をまとめる機会をいただいたことに，心より感謝しております。異文化接触や異文化適応を研究テーマに選んだ博士課程や修士課程の学生指導に使ってきた素材も含めて，学びと教育の集大成となりました。

　思えば私の最初の学術書は，このナカニシヤ出版さんからの『留学生のソーシャルネットワークとソーシャルスキル』でした。博論をもとに日本学術振興会の助成を得てまとめたその書は，日本社会心理学会の賞をいただき，私の研究者としての歩み始めを支えてくれました。駆け出しの研究者を見出して書籍作成へと導いてくださった，編集者の宍倉由高さんを恩人と思っています。年月を経て，同じ方に今度はまとめの書籍をみていただけることになりましたことに，貴重なご縁を感じております。

　アーリーキャリアの頃は，ひたすら論文を書きながらも，安定した研究環境をどう構築するかに心を悩ませていました。幸い現在の職を得てからは，落ち着いた環境で働けるようになりました。そこで研究を生産するだけでなく，研究を教育にどう繋げていくかという，次の課題に向き合うことになりました。本書は，私なりのその答えに繋がるものです。

　大学は知の製造業です。知の立ち上がる瞬間がそこにあります。知の産地直送，製造直売の場といえるでしょう。そこでは知見の伝授のみならず，後に続く人たちの探究を励まし，新たな知を生み出し続ける後進を育てる，というミッションを託されています。この意味で，教育と学びは繋がっています。自分が面白いと思った探究を一緒にやろうと，学生という後輩を誘い，ともに発見を楽しんできました。それが探究心を育てる活動になっていたのだと思います。この営みを，本書でより多くの方と共有したいと考えています。

　駆け出しには苦労がつきものだったかも知れませんが，いつしか時が経ち，職場ではベテランといわれる年齢になってきました。いただくお役目は次第に重くなり，社会との繋がりを意識することも増えました。先述の書の末尾には，三つの目標を掲げていましたが，それがどうなったかこの機に振り返ってみました。まず研究への注力は，研究職を得たことで常設活動になりました。理不尽なことがあっても人格を損なわずに生きる，リーダーシップが取れるようになったら納得のいく環境づくりに尽力する，という志はどうなったでしょうか。今，ネットワークに感謝しながら，未来を創る活動に携わっていられることは，その道程の結果なのかもしれません。当時の自分にかける言葉があるとしたら，経験は力になる，目指すものを持ち続けることが大事，ということではないかと思ったりもします。

　ここに至るまでに，学習者の皆さんから多くを教えられ，仲間から多くの示唆を得てきました。公的な助成や組織的なバックアップをいただきました。身近な方々には，人としての生き方を支えていただきました。本書は多くの方のお力をいただいてできています。この場を借りて，関わってくださったすべての方々に感謝したいと思います。

　自らの探究活動を多くの人に伝え共有するという教育活動は，興味深く奥深いもの

であることを実感しています。学習者の皆さんには，本書が自らの主体的な学びを深める手がかりになってくれますようにと願っています。また教育研究にあたられる方々には，本書が新しい探究の輪を広げ，新たな知を生み出す契機になっていくことを願っています。こうしたことに少しでも役に立つなら，筆者としてそれに勝る喜びはありません。

令和4年2月28日

田中共子

目　　次

第II部　教育篇：AUC-GS 学習モデルによる教育の展開

序　章
はじめに

1.　本書のねらい

　この本は，考えながら学ぶ異文化間心理学の本です。異文化接触の心理学を，エクササイズを通して，心理教育的なアクティブラーニング形式で，段階的に学んでいく学習の仕方について，筆者が実施してきた基本的な方法と応用の仕方を述べていきます。

　文化といういわば心の磁場のような概念を巡って，日頃意識しないその影響への気づきから，学びは始まります。それを確認して心の準備を整えたうえで，続いて異文化接触の現場における心の動態を，自身と他者の複眼的な視点から理解する段階の学びに入ります。最後に，現実世界の異文化接触場面での実践への橋渡しに進みます。異文化接触は発見と葛藤を伴う出会いの場を与えてくれます。そこに足を踏み入れたとき，自分は具体的にどうしたらよいのかという問いを抱えて，認知行動レベルの学習を試していきます。

　心理学をベースにしているので，人の心理すなわち認知，行動，感情を視野に入れた学びです。異文化接触の現場で必要と思われる心得を説いた言説は多くても，ではどうしたらよいのかというのが，次に来る問いではないでしょうか。一般には，理念を説いたらあとは現場での試行錯誤とされ，個人の経験任せも少なくありません。しかし，異文化と出会った際の人の反応をよく理解しておくこと，そしてその場での実際の行動の仕方を思い描いて，あらかじめ学習しておくことをしたかったら，そこに心理学を活かすことができます。

　私たちは異質さに出会って，時に驚きや反発を感じたり，ためらったり不安になったりします。こうしたらよい，こうすべきだと考えていても，分かることとできることは別ですから，もどかしさや戸惑いを覚えます。ただし異質さとの出会いは，困ることばかりではなく，喜びも成長もあります。それは必ずしも最初から分かるものでも，予想の付くものでもありません。むしろ異文化適応の課題をたどるなかで，次第に発見されていくものと言えるでしょう。異文化接触の心理学は，異質な文化に出会ったときの私たちの心の現実を見つめながら，お互いを理解し前向きに一歩を踏み出す行動化を助け，文化の交差と共存の時代へと歩みを進めていく後押しをします。

　多種多様な語学学習の機会は豊富にありますが，異文化接触に伴う心理学的な理解や行動の要領はどこで学べるのでしょうか。文化は心理学における興味深いテーマの1つではありますが，心理学をベースにして異文化と付き合う態度そのものを学ぶ機会となると，なかなか見つかりません。本書は，異文化接触の心理学という観点で，こうしたニーズに答えようとするものです。

　これから異文化と出会う準備をしたい人には，知識の伝達に留まることなく，異文

化接触の態度を整え準備を進めるのに本書を使ってください。すでに経験を重ねている方には，実体験を見直してまとめ，さらに先へ進む手がかりにしていただければと思います。教育活動に携わる方は，本書で示した異文化間教育のやり方を一例と見て，部分的にでも現場での利用を考えていただければ幸いです。なお学習の段階を超えて，研究対象として異文化接触に伴う心理現象に興味のある方には，既存の知見と新たな研究活動の間をつないで，研究へと一歩を踏み出すきっかけが見つかるでしょう。後半では具体的な研究を紹介しますので，次の研究を発想していっていただければ嬉しく思います。異文化接触の現場は魅力的な研究主題に満ちています。ともに開拓してくださる方が増えていくなら，これに勝る喜びはありません。

　本書の元になっているのは，大学における筆者の教育実践です。本書は授業のテキストとして使う便宜を考えて，学生へ問いかける問いを多く収録し，ワークシートを入れています。これらの問いは自習の際にも使えますので，学びを吟味しながら深めるのに活用してください。本書の学びでは気づきや実感を大事にしていますので，アクティブラーニングを多用します。一方通行の講義よりも複雑な，参加型の教育を効果的に運ぶために，筆者が使っている進行の要領も挿入しましたので，参考になれば幸いです。

　この教育実践の適用範囲は，かなり広く取ることができます。これまで扱ってきた授業カテゴリは教養科目，専門科目，大学院科目にわたっています。基本は変わりませんが，対象者の特性に配慮しながら，日本人学生，留学生，および両者の混合クラスで実施してきました。勤務校での常設授業に加えて他大学では集中講義があり，対象者のバックグラウンドは心理学に限りません。日本語教育や国際協力の分野の方々からの関心は高く，またビジネスや工学など多様な専門の学生が参加してきました。担当している教養教育では，学生の所属学部を限定せずに実施しています。留学準備教育などの単発研修で使う方法もありますが，その場合は時間の制約からすべては実施できないことが多く，抜粋版にして実施していますが，こうした用途に合わせた編集も試して欲しいと思います。そして現役の学生だけでなく，日帰りの教員免許状更新講習のような社会人教育でも使っています。昨今は対面授業のみならず，オンライン授業も行っており，その方法にも触れています。

　本書で紹介する「AUC-GS学習モデルで学ぶ異文化接触の心理学」は，一定の枠組みのある構成です。一読された後は，実践者が柔軟にアレンジして適用対象に合わせた使い方をしていくことができます。異文化間心理学に興味を持ち，異文化接触の現場に関心を寄せる多くの人にとって，有意義な学びの機会が生まれていくことを願っています。

2. 準拠モデルとしての AUC-GS 学習モデル

　本書では，異文化接触の心理学を段階的に学んでいく構成をとります。その背景には，AUC-GS学習モデルという準拠モデルを置いています（田中・中島，2006）。詳しくは第Ⅰ部にゆずりますが，これは基本構成として3段階×2レベルの6セルを想定し，6つの単位に対応させることで，必要な学習内容をカバーしようとするものです。

　3段階とは，文化への気づき（A: Awareness），理解（U: Understanding），対処（C: Coping）です。各段階で，異文化接触の一般的な原則と，特定文化間の現象の2レベルを扱っていきます。6セルをすべて通しで学べば，心の準備を整えてから行動

実践の力を養う流れをたどることができます。認知，感情，行動にわたる学びを想定しており，特に最後に行動の学習を置くところが，心理学の視点を入れたこのモデルの特徴であり利点です。

　各セルではセルの意図をカバーするように，エクササイズと講義を組み合わせます。ただしこれは緩やかな枠組みですので，意図との対応性を意識すれば，エクササイズは交換が効きます。また全セルを扱わなくても，モデルでの位置づけを意識したうえで一部だけを扱う，焦点化した教育も考えられます。

　このモデルの出発点は，多様な異文化間教育の試みをなんとか整理できないかと考えたことにあります。異文化間教育にはいろいろと面白い教育コンテンツがありましたが，どう組み合わせて，どんな順序でやっていけば，心理的な準備を整えて第一歩を踏み出す支援を効果的にできるだろうかと考えました。そして，多様な営みを整理する総合モデルをつくることに思い至りました。このモデルは，心理教育的な異文化間教育の1つの形と言えます。本書の最終章には，教育実践を巡る研究を掲載しましたので，モデルの運用や検証に関心のある方にご覧いただければと思います。

3. 本書の対象と構成および使い方

　本書の対象と構成，および使い方を説明します。対象としては大学の学部生，大学院生，研究者，教育者，ほか異文化接触の心理学に関心のある方を想定しています。

　構成ですが，まず序章は本書の案内です。後続章は大きく2部に分かれています。第I部は学習編として学習者を対象に，第II部は教育編として教育者を対象に書かれています。

　第I部は，「学習編：AUC-GS学習モデルによる学びの実践」と題しています。基本的な形の授業で，テキストとなる部分です。本書は教育実践方法の例示であると同時に，授業テキストとして活用できるようになっています。そこではエクササイズをこなし，振り返りを重ねていくことで，順次行動化へのステップをたどっていけるよう組み立てました。各セルの学びにおいては，アクティブラーニングを基本に，エクササイズと振り返りを繰り返していきます。具体的には，課題，発表，討論，振り返り，自己チェックが登場します。

　受講対象として最も需要が多いのは学部教育なので，代表的にそこを想定して教示や解説，資料，ワークシートを掲載しました。ワークシートには個人用の〈WORKSHEET〉とグループ用の〈GROUP WORKSHEET〉があり，便宜的に節ごとの連番を振ってあります。自分に引きつけて考えながら学べるよう，こまめに問いを設けました。使用する問いや所要時間は，対象に合わせて選択していってください。例えば，同じ問いを授業の前後で尋ねる項目がありますが，これは自分の答え方の違いを自覚してもらうための手がかりです。授業の時間が限られていれば，授業後の項目だけを使い，前より強くそう思うか，とだけ聞くこともできます。

　第II部は，「教育編：AUC-GS学習モデルによる教育の展開」としました。評価を行う教員側へのガイドであり，授業の構成や運用のヒントを提供しています。先の第I部は学部学生向けの学習の基本形を示しましたが，ここでは課題の使い方や，学習者に合わせて教育の仕方を調整する方法を説明します。そして教育実践研究やAUC-GS学習モデル関連研究を紹介し，今後の展開への手がかりとしました。

　第1章では，学びを確認し発展させていくための課題設定を紹介しました。評価のための期末課題は，授業の総括でもあります。なお卒業論文，修士論文，博士論文の

レベルでは，次の研究へ向けて考えを巡らせることを促す指導が必要です。研究展開へのステップとするには，論文を使った課題が効果的と思います。社会人教育であれば，現場での活用に結び付けていく架橋が望まれます。学びは授業で終わるものではなく，その先の発展性において真価を問われます。期末課題で，実用に向けた展望を問うことはその方法の1つになります。

　第2章では，教育実践のバリエーションを取り上げます。対象として，教養教育，専門教育，大学院，社会人教育の運用における焦点や留意点を述べます。実施方法として，日本人学生が消極的になりがちなディスカッションの効率的な進め方のほか，留学生を対象に英語を使う場合，オンラインの場合を取り上げます。形態として，常設授業の他，集中講義や単発研修について述べます。授業のペース配分のイメージが持てるように，シラバス例を2つ掲載しました。

　最後に，この形の授業を受けた学習者がどのように反応したのか，教育実践研究を紹介します。AUC-GS学習モデルの想定は，授業体験においてどのように確認され，効果はどう検証されるのか，筆者が関わってきた研究論文をもとに見ていきます。また教室ではなく自然場面での異文化接触体験でも，同様の学習が起きているのかという萌芽的な問いについて考えます。教育方法論を考えたい人，教育実践を具体化してみたい人に，役立てていただければと思います。

　本書は，授業のテキストであり，続く展開をのぞむ導入的な研究書でもあります。学生にとっては教科書になりますし，授業の背景をより深く知る資料でもあります。大学院生や研究者が読めば，研究のヒントが見つかります。教員から見れば，授業の素材や工夫として活用できるでしょう。大学の授業のやり方についての指南や紹介は従来あまりなく，個人任せが実情ですが，情報があれば役立つこともあると思います。異文化接触の現場の方々にとっては，経験を整理する自習書になるでしょう。

　使っているエクササイズは例に過ぎず，交換が効きます。対象者に合わせて選択し作成していくことで，適用範囲が広がっていきます。次を考えて，そして報告してください。異文化間教育は基本的に学際分野です。本書は心理学からの目線で書きましたが，活用する人の立場次第で力点の置き方も変わってくるでしょう。本書が読者諸氏の関心に沿って，さらなる展開に繋がっていくことを期待しています。

第Ⅰ部 学習篇
AUC-GS 学習モデルによる学びの実践

1. イントロダクション

(1) 何をどう学ぶか

　これからアクティブラーニング形式で，異文化間心理学を学んでいきます。エクササイズと振り返りを活用して，文化の交叉と共存をめぐる心理学的な視点と方法論を学びます。

　異文化接触を心理学の眼で考えますので，単に知識を身に付けるだけではありません。こうあるべきとかこうすべきという，教条主義的な看板だけを掲げるわけではありません。心理学は，人間の本当の気持ちを見つめる学問です。実践を視野に入れながら，人の心理的な反応について，迷いや困惑を含めて考え，現実の人間を見ていきます。そうして実際の心のプロセスを知ったうえで，現実の一歩を踏み出すための過程を，少しずつたどっていきたいと考えています。

　心理学をもとにしたこの学び方の特徴は，物の見方や考え方，すなわち認知と，物事の感じ方，すなわち感情，そして振る舞い方，すなわち行動の3つの要素をカバーすることです。心理学における学習の技法を応用しているので，理念や指針を示すだけでなく，行動レベルの学習が組み込まれていることが特色と言えます。

　具体的には，初めにそもそも文化とは何なのかを，自分の認識をもとにして考えてみます。自分の持っている文化の概念，そして自分と文化の関係を再考します。次に心理現象の文化差について，心理学的な研究知見をもとに展望していきます。そして異文化接触を巡る心理的反応を整理し，異文化適応が動的な過程性の変化であるという基本的な見方を身に付けます。人は，人間として，集団として，個人としての特徴が重なった，三層構造の存在であるという人間観を基本に据えます。取り組んでいく課題として，シミュレーションゲーム，文化アシミレーター，異文化間ソーシャルスキル学習など，異文化対応能力を涵養するためのエクササイズを使っていきます。少し進むごとに自分の考えや思いを言葉にして，自分の得た感触を振り返って，自分の認識や感じ方，変化を把握していきます。これは個人や集団での作業を通じて，自分とも人とも対話する心理教育的な試みです。

　これらの活動から，人は異文化をどう捉えどう向き合うのか，どう感じどう反応するのかを理解していきたいと思います。そのうえで，異文化接触場面で，自分は何をどうしたらよいのかを考えていただき，その練習を試みます。以上が，実際の異文化接触のための態度や行為の準備を整えていこうと考える，今回の学びの概略です。

(2) AUC-GS 学習モデルを使った学び方

　今回の一連の学びの背景には，AUC-GS 学習モデルという準拠モデルがあります（図1）。このモデルの構成単位を順にたどることで，一連の学習を進めていきます。

　このモデルは，異文化接触の心理学を実践的に学ぶ異文化間教育に必要と考えられる要素を，3段階×2レベルの6セルで表現したものです。ここでは学びの段階を，図の左に示した3段階に分けます。最初の段階は，文化の存在や影響に気づくことです。文化はいわば空気のようなもので，当たり前になってしまっており，日頃意識しないことも多いのですが，意識していなくてもその影響は人に染みこんでいます。私たちは自分の所属する集団の文化を吸収して育ち，社会化しているからです。文化は自分の中で内在化しており，考え方や感覚の基準となっています。自分の認識を見つめて気づきを得るところから，異文化接触の心理学は始まります。

		レベル	
		文化一般　Culture General	文化特定　Culture Specific
段階	Awareness 気づき	AG 異文化の存在への気づき	AS 自文化を含む特定文化の存在や影響への気づき
	Understanding 理解	UG 異文化接触一般現象の知識と理解	US 特定文化における適応・不適応現象や特定文化自体の理解
	Coping 対処	CG 異文化接触一般に求められる対応の仕方の原則	CS 特定文化の文化的特徴に関わる対応の仕方

図 1　AUC-GS 学習モデルによる学習構造

　次に，異文化接触の場で，どのような心理現象が起きているかを理解していきます。異文化接触場面に唐突に向き合えば，驚きや戸惑いが生じることは珍しくありません。それは異質さとの出会いであるからです。カルチャーショックと呼ばれることも多いこうした反応は，しかし時間が経ったらどうなるのでしょうか。条件が違ったらどう変わるのでしょうか。バリエーションは様々に考えられます。

　3 つめの段階が，それでは異文化接触に際してどう対処しようかという，行動の段階です。ここで心理学の行動学習が活用されます。ぶっつけ本番で現場体験をすればいい，とにかく試行錯誤から苦労して学ぶことこそ大事だという見方もありますが，それがすべてではありません。誤解を減らしてトラブルと苦痛を緩和し，有意義な関係と充実した滞在を速やかに開始する方法があるかもしれません。構造化された行動の学習から，行動レパートリーを拡大しておく予習を考えることも，選択肢の 1 つです。

　さて，上記の 3 つの段階ではそれぞれ，異文化接触の一般的な原則を扱う文化一般のレベルと，特定の文化における現象に焦点を当てる文化特定のレベルの 2 つを想定することができます。どの文化との接触でも見られるような一般的な現象を知り，抽象化した原則を学ぶことは，知識として大事です。しかし自分が当事者なら，目の前の個別の文化に向き合う現実場面で，実際のところ何をどうしたらよいのかを，知りたいのではないでしょうか。文化一般的な現象と文化特異的な現象，この 2 レベルを順次学び，原則を知ったうえで個別の詳細を心得るということができれば，より着実な対応になると思われます。

　モデルにある個別のセルについて，その狙いを左上から右下のセルまでたどると，以下のようになります。AG セルは，異文化の存在自体への気づきを扱うセルです。AS セルは，自文化を含む特定文化の存在や影響への気づきを扱います。UG セルは，異文化接触一般現象の知識と理解に焦点を当てます。US セルは，特定文化における適応・不適応現象や特定文化自体の理解に焦点を当てます。そして CG セルは，異文化接触一般に求められる対応の仕方の原則を学びます。CS セルは，特定文化の文化的特徴に関わる対応の仕方を学んでいきます。

　これらを通しで扱う一連の学習ができれば，心理学の眼による異文化接触現象の理解と対処を学んでいけるでしょう。順次ステップを踏んでいくことで，認知的な理解の上に行動的な学びを重ねていくことになり，より着実な学びが期待されます。

(3) 予定されるコンテンツ

　モデルの構成に沿って，心理教育的なセッションを組み立てていきます。モデルの表の左上から右下へ，AG，AS，UG，US，CG，CS の順にたどってみましょう。導入的な内容からより困難な現場実践に向けた内容まで，一般論を抑えたうえで個別論に視点を移す手順で扱っていくことになります。

　授業では，各セルに 1 〜 2 回を割り当て，最初にイントロダクション，最後にまとめを置くのが標準的な予定と思います。進行スピードに合わせて，割り当てる時間を調整していきます。使うエクササイズのボリューム，吟味する問いや課題の数次第で，所要時間は変わっていきます。

　最初は，導入的な文化的気づきのA段階です。AG セルとしては，文化の存在と影響への気づきに焦点を当てる意図から，エクササイズとして認知地図を使いたいと思います。

　AS セルとしては，文化の定義と分類について，自らの認識を手作業で整理しながら考えてみます。そして心理現象に見られる文化差について，実証研究の情報をもとに理解し，いくつかの課題を通してその影響を予想する練習をしてみようと思います。

　U段階は，従来の教育でしばしば焦点を当てられてきた部分なので，教材や資料が豊富です。UG セルとしては，シミュレーションゲームの形で意思疎通の困難の模擬体験をしてもらい，読み取れることを考えます。続いて基本的な理論として，カルチャーショック現象と異文化適応についての講義を行います。異文化滞在者の心理的な困難に焦点を当てた実証研究の資料を紹介していきます。続いて事例から，異文化適応の変容過程を考察します。

　US セルとしては，異文化接触の体験談の分析や調査資料の吟味を行います。特定の文化から別の文化へ移動した人の経験を素材に，当該異文化圏で何と向き合い，どういう心理状態になったかを読み取ります。

　次はこの教育の特徴である，対処のC段階の学習です。CG セルとしては，異文化葛藤の認知と対処の教材として，文化アシミレーターを手がかりにします。その課題場面を利用して，対処のためのソーシャルスキル学習に繋げます。多文化からの多様なゲストを迎えた際に，ホストはどう振る舞えばいいかを考えます。文化を特定しない多文化集団を想定しますので，異文化接触一般の原則を使っていく場面とみています。

　最後に CS セルです。異文化葛藤の認知と対処を，ムスリムやアメリカの文化を例に考えます。例えば日本人がアメリカに留学した場合に，その社会文化的文脈のもとで，どのような認知と行動が有用になるのか，学習項目リストから選択した場面を使って，具体的に練習します。

　最後は最終回のまとめです。何を学んだか，それを今後どう生かせるかを考えてみましょう。

(4) 学習の手続き

　各セルでは，セルの狙いに対応したエクササイズが用意されています。アクティブラーニングのスタイルなので，個人が主体的に課題に取り組み参加することが必要です。ここではエクササイズと講義を組み合わせて，模擬的な体験と結び付けながら，知識や認識を養っていきます。学習者は課題に取り組む節目ごとに，評定や記述で振り返りを行っていきます。たびたび自分の考えを書き出して意識化していきますが，それは自覚を持つためであり，立ち止まって吟味するためであり，また他者の意見と

重ねて考察を深めていくための作業でもあります。自分で考えるだけではなく，討論をしたり発表をしたりしながら，意見交換で発想を広げ，集団で学ぶメリットを取り入れていきます。

エクササイズの記録と振り返り用には，個人のワークシートを使ってください。自分の気づきを文章化することは，考えを整理して把握していくのに役立つので，努めて書いてください。課題に取り組む際は，自分の目から見たポイントを書き留めてから作業に入ると，やりやすくなるでしょう。意見の要点をメモしてから討論に参加すれば，発言がしやすくなるでしょう。

グループ討論の際の覚え書き用には，グループワークシートを使ってください。グループ討論では，司会役に進行をしてもらい，書記役に記録と発表を担ってもらうとスムーズです。その役の決め方ですが，希望者がいれば任せても結構です。しかし出席番号順に回すなど，機械的な方法も便利です。例えば，今日は電話番号末尾2桁が最小の人，次は2番目に最小の人など，任意のルールで割り振ると早く作業に入れます。少しずつ担当にあたる人を変えて，結果的に皆に役割が回るようになっていればなおよいでしょう。

討論の手順ですが，時間があれば，いきなり討論を求めるのではなくて，まず個人で考える時間を取ってから，次にグループ単位で意見を紹介し合い，そして質問などをして意見交換をする方法をとりたいと思います。それぞれどんな話が出たかは，グループの代表からクラスの皆に向けて発表してもらうとよいでしょう。余裕があれば，最後にクラス全体で話し合います。こうして段階的に進めれば，誰もが自分の意見を言いやすくなり，間接的ながらもクラス全体での意見の共有が進みます。シャイな方に参加してもらうにはこれがよいのですが，ただし時間がかかります。人数が少なかったり，積極的な人が多かったりする場合は，直接全体で話し合う方が能率は良いでしょう。指名しながら意見を聞いていく方法も可能ですが，意見の表明はできても応酬になりにくいのが難点です。なお話し合いの時間が取れない場合は，個別にシートに記入するだけにしても結構ですが，多様な意見から多角的に考えるヒントが得られる利点を考えると，集団での意見交換が望まれます。

最後に，異文化接触の心理学を学んでいくための動機や関心を振り返ってみていただけるでしょうか。これが最初のワークシートです。学びのフォーカスをどのあたりに持っているのかを，教えてください。これらを指導者側にお知らせいただければ，構成員の背景がわかり，より配慮すべきところを考えたり，ニーズに応える工夫をしやすくなったりします。学習者の方向性と学習のコンテンツが重なったとき，とても興味深い体験が生まれると思います。

最終回にはまた，何が得られたかをお尋ねしたいと思います。

〈WORKSHEET 1〉

　学びのニーズをお知らせいただくために，異文化接触の体験や関心などをお知らせください。
1. 異文化適応について特に知りたいこと

(　　　　　　　　　　　　　　　　　　　　　　　　　　　　　　　　　　　)

2. 日本人学生の方は，差し支えない範囲で以下をお知らせください。
　(1) 海外滞在経験　①1年以上　②1ヶ月以上1年未満　③1ヶ月未満　④なし

　（2）　学習したことのある外国語　（　　　　　　　　　　　　　　　　　　　　）

3. 留学生の方は，差し支えない範囲で以下をお知らせください。
　（1）　日本語学習歴（　　　）年
　（2）　日本滞在年数（　　　）年
　（3）　日本語力　①初級（日常会話も困難）　②中級（日常会話程度）　③上級（大学の授業について
　　　　いける）

4. 日本語と英語でどちらが得意ですか　①　英語　②　日本語　③　同じくらい

2. AG：文化の存在への気づき

　最初のセルにとりかかる前に，セルフチェックをしてみてください。各セルの最初と最後で，今の自分の認識を振り返るためのコーナーです。ここでは深く考える必要はありませんので，思いついたままに印を付けてください。最後にまた考えてみる機会をつくりますので，とりあえず次の問いに進んでください。

〈WORKSHEET　2-1〉

　学びによる変化を把握するために，異文化に関する認識を振り返ってみてください。
【授業の前に】
1. あなたは，次の(1)〜(4)のように思いますか？
　①まったくそう思う，②少しそう思う，③どちらともいえない，④あまりそう思わない，⑤まったくそう思わない
　のうちから１つを選んで答えてください。
　(1)　世界の中には，自分の意識していなかったものも含めて，たくさんの文化がある。（　　）
　(2)　自分の慣れ親しんだ文化が，世界で唯一の文化だったわけではない。（　　）
　(3)　自分がこれから出会う人は，自分とは異なる文化を持っている人かもしれない。（　　）
　(4)　様々な異文化が存在することを意識した。（　　）

（1）認知地図課題

　それではさっそくエクササイズを始めましょう。自分で手を動かし，作業をしながら，確かめていきたいことがあります。ごく簡単な，一人でできることからしてみます。必要なものは白い紙と，鉛筆やボールペンなどの筆記用具だけです。

　最初にすることは以下のとおりです。

　「手元の紙に，何も参照せずに世界地図を書いてください」。

　これだけです。本書では，この文章の後に書き込みのための枠を用意してありますので，必要に応じて使ってください。A4判くらいの白紙があれば，そこに描いてもよいでしょう。白無地のコピー用紙などはぴったりです。無地なら広告の裏でも構いません。なお罫線が気にならなければ，ノートの１頁でもできます。ある程度のスペースがあって，自由に書き込めれば用は足ります。

　書き方は自由です。紙の方向も好きにして構いません。これは社会科の試験ではありませんから，後で○×や点数をつけられる心配は無用です。図法などの描き方の指定もありません。好きに描いていただければ，それでよいのです。

　ただし，何も参照せずに，という指示は守ってください。急いで調べなければ，などとは考えないでください。地図帳やスマホで見本を見るのは禁止です。人と話し合ってもいけません。他の人の地図を覗いてもいけません。

　およそ描けた頃を見計らって，そこまでです，と言いますので，そうしたらやめてください。５分くらいを見込んでいます。時間になってもまだ途中だ，と言う人もいるかもしれませんが，そのときまでに描いたものが何かあれば結構です。書きかけでも大丈夫です。

　なぜこのようなことをするのか，狙いは後で説明します。このエクササイズには，このエクササイズの狙いがありますが，まずはやってみていただければと思います。

　では，始めてください。

〈WORKSHEET　2-2〉

認知地図

1）**自分の地図**　　どのような地図が描けましたか。自分の地図を振り返ってみましょう。見本と比べるために，世界地図をスマホで検索したり，地図帳を参照したりして構いません。複数の見本と比べても結構です。見本とまったく同じに描く人はまずいないでしょう。自分の地図にはどんな特徴があったか，気がつくことをメモしてください。

　例えば着眼点として，次の点が考えられます。実際の世界地図と比較して，あなたの地図はどうなっていたか，見本と同じ所と違う所を探してください。

　例）ある／ない，濃い／薄い，詳しい／大雑把，近い／遠い，大きい／小さい，
　　　中心／周辺，連続／不連続，明瞭／不明瞭，最初／最後

〈WORKSHEET　2-3〉

あなたの地図の特徴は？

（　　　　　　　　　　　　　　　　　　　　　　　　　　　　　）

2）グループの地図　　次に，他の人たちの地図と見比べてみることにしましょう。皆の世界地図は，例えば以下の点で，どこか似ていますか，何か共通するところがありますか。また，描いた人によって，異なっているところはどこでしょうか。

まずは自分の気づきについて，メモでいいので書き留めてください。その後，何を見つけたか，グループで話し合ってみてください。

例）ある／ない，濃い／薄い，詳しい／大雑把，近い／遠い，大きい／小さい，
　　中心／周辺，連続／不連続，明瞭／不明瞭，最初／最後

〈WORKSHEET　2-4〉

1. 皆の地図で似ている点は？

（　　　　　　　　　　　　　　　　　　　　　　　　　　　　　）

2. 皆の地図で違っている点は？

（　　　　　　　　　　　　　　　　　　　　　　　　　　　　　）

〈WORKSHEET　2-5〉

　グループ番号（　　），メンバー（　　　　　　　　　　　）

1. 皆の地図で似ている点は？

（　　　　　　　　　　　　　　　　　　　　　　　　　　　　　）

2. 皆の地図で違っている点は？

（　　　　　　　　　　　　　　　　　　　　　　　　　　　　　）

　3）地図の意味　　この地図は，何も参照しないときに思いついた地図です。いわば頭の中のイメージの地図です。世界地図といえば，これまで社会科の授業で何度も見てきたはずですし，世界のニュースや天気予報などでもしばしば目にしているものでしょう。しかし見本の地図とまったく同じには，なかなかなりません。そこで，次の問いについて考えてみましょう。

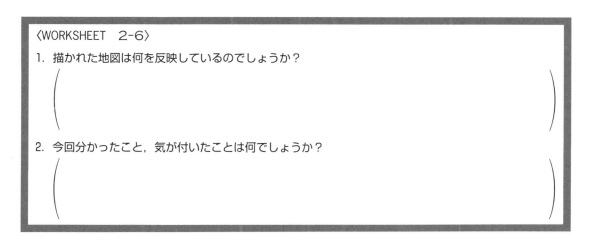

さて，皆さんの地図はどうしてそのように描かれたのでしょう。この地図に見られた特徴は，一体何を反映しているのでしょうか。今回の地図が何を意味しているのかを，考えてみてください。一人一人が世界をどう認識しているか，という問いに，あなたはどう答えますか。この作業と検討を通じて，何か分かったこと，気がついたことがあれば教えてください。
　まずはあなたの思いつきを，メモしてください。メモができたら，グループで紹介し合ってください。グループで出てきた意見は，クラス全体に向けて発表してください。その後でまとめをしていきたいと思います。

（2）まとめ
　これは認知地図と名付けられたエクササイズです。地図は自分の世界観やイメージ

の投影でもあります。あなたの作品が何を反映しているかを，心理学の目で考えてみましょう。あなたが意識しているところとしていないところ，馴染みのあるところとそうでないところは，どのように表現されていたでしょうか。繋がっているはずのところが切り離されていたり，あるはずのものが消滅していたりしませんでしたか。自分が認識していたのは，どのような世界だったのかを振り返る手がかりを，この地図は提供しています。

　もしかしたら，本当は世界には自分がまだ認識していない，馴染みのない地域がたくさんあって，そこには想像を超えた未知の文化があるのかもしれません。私たちが出会っていない，気がついていないだけなのではないでしょうか。

　さて授業後のチェックとして，以下を再び答えてみてください。そして最初の認識と比べてみてください。

〈WORKSHEET　2-8〉

　学びによる変化を把握するために，異文化に関する認識を振り返ってみてください。

【授業の後に】

1. あなたは，次の(1)～(4)のように思いますか？
　　①まったくそう思う，②少しそう思う，③どちらともいえない，④あまりそう思わない，⑤まったくそう思わない
　　のうちから１つを選んで答えてください。
　　(1)　世界の中には，自分の意識していなかったものも含めて，たくさんの文化がある。(　　　)
　　(2)　自分の慣れ親しんだ文化が，世界で唯一の文化だったわけではない。(　　　)
　　(3)　自分がこれから出会う人は，自分とは異なる文化を持っている人かもしれない。(　　　)
　　(4)　様々な異文化が存在することを意識した。(　　　)

2. 上記の(1)から(4)のうち，この授業前と比べて，後の方がいっそう強く「そう思う」ものがあれば，項目番号に○を付けてください。

3. 授業の後に：この授業から，どういうことを学べたと思いますか？

3. AS：文化の定義と分類

〈WORKSHEET　3-1〉

　学びによる変化を把握するために，異文化に関する認識を振り返ってみてください。

【授業の前に】

1. あなたは，次の(1)〜(5)のように思いますか？
　①まったくそう思う，②少しそう思う，③どちらともいえない，④あまりそう思わない，⑤まったくそう思わない
　のうちから１つを選んで答えてください。
　(1)　自分のよく知っている文化が，他の文化と比べて，それなりの特徴や個性を持っていると感じる。（　　）
　(2)　ある人の振る舞いを，その人の文化の影響を受けたものとして理解できる。（　　）
　(3)　自分は，自分の慣れ親しんだ文化の枠の中で，考えたり行動したりしている。（　　）
　(4)　自分の文化以外に，ある特定の文化についてその特徴や個性をよく理解できている。（　　）
　(5)　自分の文化が，自分の行動に与えている影響を，理解できていると思う。（　　）

(1) 言葉分類課題

　1) 文化の付く言葉　　「文化」の付く言葉，入った言葉を，なるべくたくさん挙げてみてください。"culture" でもよいです。例えば文化の日とか，いろいろあると思います。これは，正解や不正解がある問題ではありません。思いつく限り挙げてください。この作業にどんな意味があるのかは，後で説明します。

〈WORKSHEET　3-2〉

　「文化」（culture）の付く言葉は？

（

）

　文化の付く言葉をグループの中ですべて合わせて，それを分類してみてください。いろいろな言葉が出てきたと思いますが，グループで話し合って，何らかの分類を試みましょう。分類の仕方は自由です，お任せします。分け方やカテゴリ数の指定はありません。

　分類作業がおよそできた頃に，そこまでですと言って，区切りにします。そうしたらグループ内の意見を発表してください。

〈GROUP WORKSHEET　3-3〉

　グループ番号（　　），メンバー（　　　　　　　　　　　　　　　　　　　）

　「文化」（culture）の付く言葉は，どのように分類されましたか？

（　　　　　　　　　　　　　　　　　　　　　　　　　　　　　　　）

2）文化という概念　　挙げられた言葉は，「文化」を何らかの意味で使っている言葉です。使い手は，この言葉に何らかの意味を込めているわけです。これらの下位分類ができたということは，少しずつ意味合いが異なっているのではないかと思われます。では，その使われ方は，何を反映しているでしょうか。ここでは分け方から，文化にどのような側面があるのか，何を文化として表現しているのか，文化という言葉はどういう意味で使われているのかを，考えてみて欲しいと思います。

〈WORKSHEET　3-4〉

1.「文化」にはどのような側面があると思いますか？

（　　　　　　　　　　　　　　　　　　　　　　　　　　　　　　　）

2.「文化」の意味とは？

（　　　　　　　　　　　　　　　　　　　　　　　　　　　　　　　）

〈GROUP WORKSHEET　3-5〉

　グループ番号（　　　），メンバー（　　　　　　　　　　　　　　　　）

1.「文化」にはどのような側面があると思いますか？

（　　　　　　　　　　　　　　　　　　　　　　　　　　　　　　　）

2.「文化」の意味とは？

（　　　　　　　　　　　　　　　　　　　　　　　　　　　　　　　）

　自分の思いつきをメモしたうえで，グループで話し合ってみましょう。後でグループ内の意見を発表してください。

　文化という言葉に込められた意味を考えてみると，実は複数ありそうな気がしてき

たのではないでしょうか。「文化」の定義について考えてみましょう。資料として，ホフステードら（Hofstede et al., 2010／邦訳，2013）による「多文化世界」の説明をみてみましょう。この本は世界の文化の特徴と分類を扱っています。1995 年に最初の日本語訳が登場し，少しずつ原書に改訂が重ねられて，2013 年には第 3 版の日本語訳が出ています。その中で，「文化」には，芸術のような，価値のある精神的活動の上澄みの意味がある，と述べています。しかしそれだけではありません。日常的な価値観のように，必ずしも意識されないまま，ものの見方や考え方の傾向として人に染みこんでいる方向性のようなものもまた，「文化」だといいます。そして人を一定の方向へ誘う作用という意味で，これをマインドプログラミングと表現しています。つまり異なる「文化」を持った人の間では，違うプログラムが起動していることになります。この 2 種類の「文化」の使い分けは必ずしも意識されないまま，文化という言葉でひとくくりに使われる傾向があるといいます。

　皆さんの分類には，この 2 種類が何らかの形で入っていませんでしたか。歴史的，地理的な様式を代表させる使い方もありますし，異文化や多文化のように違いに注目した語もありますから，もっと細かく分けることはできるでしょう。しかし，少なくとも価値のある尊重されるべきものと，身近で染みついた方向性のようなものは，区分されていたのではないでしょうか。この 2 つの概念を，私たちは使い方の違いを通してなんとなく気づいているのではないかと思います。

　文化の 2 種類目の定義に表れている，日常的な方向性というか作用は，意識されなくても個人に影響が及んできているので，何か心理的な磁場のようなものかと思います。異文化理解のためにイベントなどで音楽家を招いたり芸術を鑑賞したりすることは，崇高な試みですが，しかしそれは価値観の違いからくる葛藤を解決するという意味での異文化理解とは，また角度の異なる試みといえるでしょう。芸術を鑑賞しても，異文化葛藤の直接的な解決を意味してはいません。心理学の目線としては，後者に注目して異文化接触の心理を読み解いていきたいと思います。

　では，文化とは集団で伝えられ共有されている特徴であると考えたうえで，その心理的な傾向を把握しようと試みた，実証的な研究に注目してみます。

(2) 文化の分類

1）ホフステードらによる価値観調査　　ホフステードら（2013）は，世界中 76 の国・地域の IBM 社のホワイトカラーの従業員を対象に，仕事に関する価値観を調べています。同じ企業の同職種ということで，比較的均質な調査対象者を大規模に調べていることから，多くの研究者に参照されている実証研究です。回答から 4 つの因子が見出されています。これらを，文化を分類する主要な 4 つの軸と見れば，文化の特徴をプロフィールのように描き出すのに使えます。各国・地域の会社は，その社会のありようを反映しているので，これは各地の文化を反映していると見ることもできます。

　4 つの軸の意味は，大まかにいうと以下の通りです。「権力格差」は，会社での力の差を受容し期待する度合いです。「個人主義・集団主義」は，判断の基準が集団または個人ベースである度合いです。「男性らしさ・女性らしさ」では，男性性は競争や達成や仕事第一など，伝統的に男性的とされてきた価値観，女性性は思いやりや優しさや家庭第一など，伝統的に女性に強いとされてきた価値観を意味します。「不確実性の回避」は，確実な予定遂行を好むか，臨機応変で柔軟な対応を好むかの違いです。世界各国・地域別にスコアと順位が算出されています。

　　2）**移動想定課題**　　この資料を使って，各地の特徴をイメージして，出張した場合に出会う可能性がある戸惑いや，移動先で受けるかもしれない評価について，予想してみましょう。これが今回のエクササイズです。

　調査対象となった国・地域のIBM社のうち，AとBの2つの地域間の移動を考えてみてください。AからBへ移動する場合と，BからAへ移動する場合の2通りが考えられます。この場合，4軸の順位の差はどのくらいでしょうか。順位表から順位の違いを読み取ってみましょう。プラスいくつになるか，マイナスいくつになるかをみてみます。この数字は文化間距離の目安です。記号は変化の方向の目安です。これらを手がかりとして，邂逅場面を想像してみてください。

　例えば，下記のようなケースが考えられます。もとの資料が手元にあれば，各人が任意のAやBを選び，それぞれに何が起きるかを考えて，多様な選択について発表し合ってください。なければ以下の例を使ってください。

　手順としては，まず個人で数字を読み取り，その差についてメモを作成します。それを見ながら，移動でどういうことに向き合うかを予想します。例えば，より個人主義の強い国の支社から弱い国の支社に出張したら，何に戸惑うでしょうか。より男性性の強い国の支社の人が，女性性の強い国の支社へ転勤したら，そこの人達をどう感じるでしょうか。それらを想像して，意見を交換してください。後でグループごとに発表していただきます。そして教室全体で意見を共有したいと思います。

　例）日本と中国の場合：76か国・地域中の順位の数字を見て，環境移行の際の変化を記号付きで書き出すと，以下のようになります。

	A. 日本	B. 中国	A→B	B→A
権力格差	49	12	−37	+37
個人主義	36	58	+22	−22
男性らしさ	2	11	＋9	−9
不確実性の回避	11	70	+59	−59

　他の国はどうでしょう。権力格差，個人主義，男性らしさ，不確実性の回避の順に順位を挙げると，例えばアメリカ59，1，19，64，スウェーデン69，13，76，73，マレーシア1，54，34，67，ジャマイカ56，39，9，75，とあります。移動に関して大まかな予想をしてみてください。

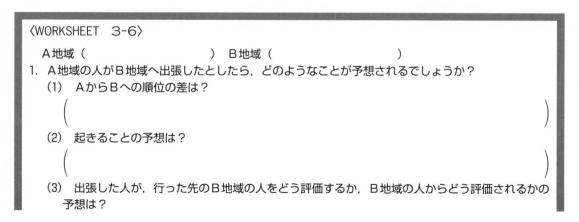

〈WORKSHEET　3-6〉

　A地域（　　　　　　　　　　　　　）　B地域（　　　　　　　　　　　）
1. A地域の人がB地域へ出張したとしたら，どのようなことが予想されるでしょうか？
　（1）　AからBへの順位の差は？
　　（　　　　　　　　　　　　　　　　　　　　　　　　　　　　　　　　　　）
　（2）　起きることの予想は？
　　（　　　　　　　　　　　　　　　　　　　　　　　　　　　　　　　　　　）
　（3）　出張した人が，行った先のB地域の人をどう評価するか，B地域の人からどう評価されるかの予想は？

（
　　）

2．B地域の人がA地域へ出張したとしたら，どのようなことが予想されるでしょうか？
　　(1)　BからAへの順位の差は？

（
　　）

　　(2)　起きることの予想は？

（
　　）

　　(3)　出張した人が，行った先のA地域の人をどう評価するか，A地域の人からどう評価されるかの
　　　　予想は？

（
　　）

〈GROUP WORKSHEET　3-7〉
　グループ番号（　　），メンバー（
　　）
　A地域（　　　　　　　　　　　　　　　）　B地域（　　　　　　　　　　　　　　）
1．A地域の人がB地域へ出張したとしたら，どのようなことが予想されるでしょうか？
　　(1)　AからBへの順位の差は？

（
　　）

　　(2)　起きることの予想は？

（
　　）

　　(3)　出張した人が，行った先のB地域の人をどう評価するか，B地域の人からどう評価されるかの
　　　　予想は？

（
　　）

2．B地域の人がA地域へ出張したとしたら，どのようなことが予想されるでしょうか？
　　(1)　BからAへの順位の差は？

（
　　）

　　(2)　起きることの予想は？

（
　　）

　　(3)　出張した人が，行った先のA地域の人をどう評価するか，A地域の人からどう評価されるかの
　　　　予想は？

（
　　）

　3）組織葛藤課題　　次に，染色工場の例題を使った課題を考えてみましょう。上記のホフステードら（2013）は，文化の多様性について多くの具体例を挙げています。ISNEAD ビジネススクール（フランス）のアメリカ人教授，オーエン・ジェームズ・スティーヴンス教授が，1970 年代の試験に出題した試験問題をもとにした，染色工

場の製造部門と営業部門の葛藤の逸話もその１つです。逸話の概略は以下の通りですが，これを応用して考えてみたいと思います。

　あるところに布を染める染色工場がありました。この会社では，営業部門が注文を取ってきて，製造部門が染色作業をします。染色作業では，色の変更があるたびに機械を洗浄します。特に濃い色から薄い色への変更の場合は，徹底して洗わねばなりません。費用の無駄や労力を考えると，作業部門は大口の注文を望んでおり，小口の注文を避けたがります。しかし営業部門は，取引先の信用を獲得すべく，小口の注文をこまめに受けてきますので，染色作業に負担を強いることになり，軋轢が生まれました。見解の相違から２部門は不仲になってしまいました。

　さてどうしましょう，というのがここでの問題です。この事態の原因はどこにあるのでしょう。そしてこの事態をどうしたらよいと思いますか。自分のアイディアをまずメモにして，書き出してみてください。その後で，グループで意見を交換してください。そしてグループにどんな意見が出てきたかを，教室全体に発表してください。

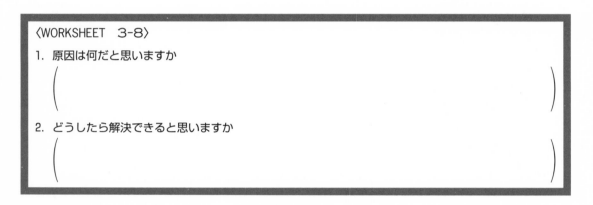

〈WORKSHEET　3-8〉

1. 原因は何だと思いますか

（　　　　　　　　　　　　　　　　　　　　　　　　　　　　　　　　　　　　　　）

2. どうしたら解決できると思いますか

（　　　　　　　　　　　　　　　　　　　　　　　　　　　　　　　　　　　　　　）

〈GROUP WORKSHEET　3-9〉

　グループ番号（　　），メンバー（　　　　　　　　　　　　　　　　　　　　　　）

1. 原因は何だと思いますか

（　　　　　　　　　　　　　　　　　　　　　　　　　　　　　　　　　　　　　　）

2. どうしたら解決できると思いますか

（　　　　　　　　　　　　　　　　　　　　　　　　　　　　　　　　　　　　　　）

　組織と文化に関してホフステードら（2013）は，ミンツバーグ（Mintzburg, 1983）の理論を使って，権力格差と不確実性の回避の２次元で整理し，各文化で好まれる組織形態を見分けていく考え方を紹介しています。不確実性の回避が強く権力格差の小さいドイツでは規則の制定が好まれ，不確実性の回避が弱く権力格差の小さいイギリスでは部門長の柔軟な対応が望まれます。そして不確実性の回避が弱く権力格差の大きいフランスでは，社長による上からの采配が期待されます。文化に合わせた組織が

好まれているようで，先の染色工場の試験問題では，独英仏の MBA 学生の回答はほぼそうした好みに即していたといいます。

　では日本でこれを聞いたとしたら，どうでしょうか。振り返ってみてください。日本人学生の回答は，もしかしたら協調性や相互理解に関心を向けているかもしれませんし，人事交流や技術革新への期待があるかもしれません。モラルや規範として，問題解決の方向として，どういう発想が自然に出てくるのかを眺めて欲しいと思います。フランスのように社長の出番と考えるでしょうか。イギリスのように部門長の責任と判断するでしょうか。ここでの回答が，日本における着想や解釈の方向を表現しているかもしれません。様々な文化圏で比較してみたいところです。

　将来多国籍企業に勤める人は特に，今回のような文化と組織の問題に向き合うことになるでしょう。物事の原因の推測の仕方や，望ましいと思う解決方向の違いが，仕事の進め方に複雑さをもたらしていく可能性があります。国内企業であっても，これからの会社勤めでは海外に出張することも一層頻繁になるでしょう。国際的な活動が進むほど，カラーの違う組織に赴くことは身近になってくると思われます。同僚や上司が外国から来ることもありそうです。そのとき，こうした違いに出会うことは，特に珍しいことではありません。違いとその影響を考えておくことは，興味深い試行と言えるでしょう。

(3) まとめ

　今回の学びの焦点は，世界の多様な文化の存在と特徴を確認することにあります。世界には，様々な文化があって，皆それぞれの影響下にあるようだ，ということを感じ取れたらよいのではないかと思います。

　文化差は単にバラバラと散在しているのではなく，まとめ方はいろいろ提案されてきています。しかし単に理念的に分けるとか，地域で区切るだけの分類論ではなくて，心理学では文化を数値で測定します。スコアを算出し，その数字で特徴を描き出すという表現方法を使います。パーソナリティのプロフィールのように，文化の個性を描き出していく情報呈示の仕方です。人の認知や行動の傾向として文化を捉えるなら，こうして類型化を行い，結果を視覚化して見せたり，文化間距離を測定して数字で客観的に差を表示したりするやり方が考えられます。

　文化の差異を実証的に把握しようとする比較文化心理学の分野では，文化圏ごとの心理的傾向の違いは，興味深い研究主題です。今回参照したホフステードら（2013）の報告は，中でもよく知られた研究です。ほかにもシーガルら（Segall et al., 1990／邦訳，1995，1996）や，マツモトら（Matsumoto et al., 1995 初版／邦訳，2001；2016 第 6 版）などに，心理学の目で見た文化差の紹介があるので参考にしてください。

　文化というフレームワークが異なれば，人の心の動きには微妙に異なる部分が出てきます。それぞれの国や地域で育った人が，どういう方向性を身に付けているのかを客観視し，その影響を織り込んで人の心を観る手がかりを得ようとするのは，興味深い試みです。世界各地にはそれぞれの文化があるということ，異文化間では差異から葛藤が生まれる可能性があるということを念頭に置きながら，人が文化間で経験する心の動態に焦点を当てていく，次のセクションに移りましょう。

〈WORKSHEET 3-10〉

　学びによる変化を把握するために，異文化に関する認識を振り返ってみてください。

【授業の後に】

1. あなたは，次の(1)〜(5)のように思いますか？
　　①まったくそう思う，②少しそう思う，③どちらともいえない，④あまりそう思わない，⑤まったくそう思わない
　　のうちから１つを選んで答えてください。
　　(1)　自分のよく知っている文化が，他の文化と比べて，それなりの特徴や個性を持っていると感じる。(　　)
　　(2)　ある人の振る舞いを，その人の文化の影響を受けたものとして理解できる。(　　)
　　(3)　自分は，自分の慣れ親しんだ文化の枠の中で，考えたり行動したりしている。(　　)
　　(4)　自分の文化以外に，ある特定の文化についてその特徴や個性をよく理解できている。(　　)
　　(5)　自分の文化が，自分の行動に与えている影響を，理解できていると思う。(　　)

2. 上記の(1)から(5)のうち，この授業前と比べて，後の方がいっそう強く「そう思う」ものがあれば，項目番号に○を付けてください。

3. 授業の後に：この授業から，どういうことを学べたと思いますか？

4. UG：異文化接触現象の一般的な理解

〈WORKSHEET 4-1〉

　学びによる変化を把握するために，異文化に関する認識を振り返ってみてください。

【授業の前に】

1. あなたは，次の(1)〜(5)のように思いますか？

　　①まったくそう思う，②少しそう思う，③どちらともいえない，④あまりそう思わない，⑤まった
　　くそう思わない

　　のうちから１つを選んで答えてください。

　　(1)　異なる文化を持った人とは，なぜ問題が起きやすいのか，理解している。（　　）

　　(2)　異なる文化に接した人が，一般的にどう変わっていくのか，理解している。（　　）

　　(3)　異なる文化に対して，私たちがどう考えてしまいがちなのか，理解している。（　　）

　　(4)　異文化に接したときの人間の反応を，理解している。（　　）

　　(5)　異文化接触場面で何が起きるか，一般的な原則を理解している。（　　）

　今回は，異文化接触現象の一般論を見ていきます。様々な理論的提案やその検証が報告され，従来の異文化間教育でも注目されてきた部分です。現実の現象を抽象化した教材がいろいろあります。

　異文化接触で人はどういう心理状態になるのか，という問いを掲げながら，それを解く手がかりを探していきましょう。

(1) シミュレーションゲーム

　伝達課題　　現象を理解するために，シミュレーションゲームを使ってみましょう。異文化接触に関しては，模擬的な体験を可能にするゲームが開発されていて，異文化接触の折の心理状態が部分的に体験できます。模擬体験は，後の振り返りやまとめが大事です。どのような考察に持っていくか，現実とどう結び付けるかは，後の問いかけ次第です。

　今回は，もともとは言語による伝達に焦点を当てたゲームである，Back to Back（八代ら，1998）をもとにして，バーンガ（BARNGA; Thiagarajan & Steinwachs, 1990）の問いかけを少し加工して，伝達課題として使ってみたいと思います。上記の八代ら（1998）などには，様々なゲームの紹介がありますので，エクササイズを変えてみる場合は参考にしてください。

　A4判くらいの白紙を１人２枚，用意してください。自分の前にまず１枚を置いて，そこに好きな絵を描いてください。使う方向は自由です。何を描いても結構です。描いたら，できれば他の人の作品とランダムに交換して，自分のものではない作品を持ってください。オンライン授業などで物の移動がしにくい場合は，本書のワークシートや，自分のノートなどに描いた絵をそのまま使って結構です。

　では，２人１組になって，お互いの手元が見えないように座ってください。背中合わせで座ると，声は届きますが手元が見えないのでちょうどよいです。階段教室であれば，前後の列を使って，互いに左右の逆方向を向いて座れば大丈夫でしょう。

　一方が，自分の手元の絵について，相手に説明してください。ただし自分の絵は見

せません。相手の絵も見ません。言葉だけで説明してください。相手は，聞いたこと
だけを頼りに，自分の手元のもう１枚の白紙に，その絵を再現します。質問はしても
構いませんが，元絵を見ても自分の絵を見せてもいけません。言葉だけで，伝え合う
というルールを守ってください。不自由ですが，これには意味があります。後で説明
したいと思います。

　教室の人数が奇数の場合は，１人の絵の説明を２人が再現するか，３人組をつくっ
て順に役割を回すかになります。伝達役を全員が経験するという意味では，時間の都
合が付けば後者のほうがよいでしょう。グループによって所要時間はまちまちですが，
一通り描けた頃を見計らって，そこまでにします，と声をかけるので，中途でもやめ
てください。すべて終わっていなくても，何かを再現しようとして，何かが描けてい
れば結構です。

　続いて，説明役と再現役を交代します。最初の人の時と要領は同じです。手元の絵
について，相手に説明し，説明を聞いた人は，絵を再現するよう努力してください。
声をかけたら，終了してください。

　２回目が終わって，みなさんの手元には元絵と再現絵が揃いました。元絵の右上に
は「元」という字を書いて丸で囲んでください。再現絵の方には，「再」と書いて丸
で囲んでください。では，何がどう伝わったかを，比べてみましょう。再現絵を描い
た人に，元絵を見せましょう。自分の元絵はどうなったか，自分の再現絵はどこまで
描けたのか，２人でざっと見てください。違っているところがあっても，直さないで
ください。これから違いについて吟味していきます。

　では各人の机に，上には元絵，下には再現絵を，並べて置いてください。席を離れ
てよいので，クラス全員の分を見て回りましょう。オンライン授業の場合は，順番に
カメラの前にかざしてもらうことで代わりにしてください。見えにくければ，全員の
分を見学する部分は省略して結構ですので，次のグループ討論に移ってください。

〈WORKSHEET　4-2〉　　　　　　　　　　　　　　　　　　　　　　　　　　㊇

　好きな絵を描いてください。

〈WORKSHEET 4-3〉　　　　　　　　　　　　　　　　　　　　　　　(再)

　説明された絵を再現してください。

　伝達の具合について，グループで気づいたことを話し合います。複数事例を見たほうが討論しやすいので，4人グループをつくりましょう。人数が割り切れなければ6人でも結構です。

　討論のための準備として，まず自分のメモをつくりましょう。伝達したはずなのに必ずしも伝わっていなかったということが，よく起きます。伝達の成否を吟味してみましょう。この体験に戸惑いや驚きがあったとしたら，それも言葉にしておいてください。そしてゲーム前には思わなかったけれどゲーム後には思ったこととか，ゲームをしてみて気づいたこととかがあれば，思いつくままに書き留めておきましょう。

　具体的には，以下のような質問が，考える手がかりになるでしょう。伝わったこと，伝わらなかったことは何でしょうか。それはなぜだったのでしょうか。どんな気持ちになったでしょうか。伝えたいことを伝わるように伝えるには，何がどうなればよいのでしょうか。

　状況が整理できたら，次はゲームでの体験を，日常生活に移して考えてみるようにします。日常生活で，似たような経験はなかったでしょうか。どんな状況でその事は生じたか，どうしたらよかったかを考えてください。

　では，メモができたら，グループで意見を交換してください。後で，グループでどのような意見があったかを，紹介してください。

〈WORKSHEET 4-4〉

1. やってみてどうでしたか？一言で感想を表すと？

　（　　　　　　　　　　　　　　　　　　　　　　　　　　　　　　　　）

2. 何が起きていたと思いますか？
( )

3. やっている最中と後では，どんな気持ちになりましたか？
( )

4. 伝わったこと，伝わらなかったことは，具体的に何でしたか？
( )

5. 伝わったり，伝わらなかったりしたのは，どうしてだと思いますか？
( )

6. 実生活で考えると，どんな状況と似ていると思いますか？
( )

7. その現実状況では，どんな原因や背景があって，その状況になったと思いますか？
( )

8. あなたが想起したその現実世界の状況では，どうしたらよいと思いますか？
( )

9. このゲームは何を示唆していると思いますか？
( )

〈GROUP WORKSHEET 4-5〉
グループ番号（　　）メンバー（ ）
1. やってみてどうでしたか？一言で感想を表すと？
( )

2. 何が起きていたと思いますか？
( )

3. やっている最中と後では，どんな気持ちになりましたか？
( )

4. 伝わったこと，伝わらなかったことは，具体的に何でしたか？
( )

5. 伝わったり，伝わらなかったりしたのは，どうしてだと思いますか？
( )

6. 実生活で考えると，どんな状況と似ていると思いますか？

　（　　　　　　　　　　　　　　　　　　　　　　　　　　　　　　　　　　）

7. その現実状況では，どんな原因や背景があって，その状況になったと思いますか？

　（　　　　　　　　　　　　　　　　　　　　　　　　　　　　　　　　　　）

8. あなたが想起したその現実世界の状況では，どうしたらよいと思いますか？

　（　　　　　　　　　　　　　　　　　　　　　　　　　　　　　　　　　　）

9. このゲームは何を示唆していると思いますか？

　（　　　　　　　　　　　　　　　　　　　　　　　　　　　　　　　　　　）

　　言葉は便利ですが，言語コミュニケーションは万能ではなく，それなりの特徴と限界があります。伝えたいことを伝わるように伝えるには，何をどうしたらよいか，工夫と努力が必要です。今回の経験で，伝達という営みが意外と複雑な作業であることに気づいたと思います。自分の考えと相手の考えが同じであることは，保証されていません。共有するものがないと伝達は困難で，伝えたはず，伝わったはずという思い込みに気づくことすら，時には容易なことではありません。では思い込みのまま動いたら，どうなるでしょうか。感情の動きにも，注目してください。

　　同じ文化圏の人同士でも伝達が難しいのだとしたら，異文化圏の人とはどうなるのかを，その先に想像してみてください。困難の構造は共通でも，混乱が増幅されている可能性があるのではないでしょうか。

　　現実と繋げて発想を広げるために，応用的な問いを挙げておきます。1つは，ゲーム体験の延長上に考えてみる問い，「もしこうだったら？」の例です。現実の条件は様々ですが，みなさんが気づいた原則がどのように変わってくるかを考えます。時間が限られていたら，以下の(4)(5)(9)など主要な問いだけでも格好です。

　　もう1つは，「オリジナルのゲーム考案」の問いです。伝達の困難や共有の意味を素材に，ゲームをつくってみませんか。

　　これらができたら，グループで紹介して，概略をクラスにも紹介してください。

〈WORKSHEET 4-6〉

1. ゲームが「もしこうだったら？」と考えてみましょう。

　　(1)　もっと長時間だったら（　　　　　　　　　　　　　　　　　　　　　　）

　　(2)　もっと複雑なゲームだったら（　　　　　　　　　　　　　　　　　　　）

　　(3)　もっと大人数だったら（　　　　　　　　　　　　　　　　　　　　　　）

(4) もっと競争的だったら（　　　　　　　　　　　　　　　　　）

(5) もし外国語で話していたら（　　　　　　　　　　　　　　）

(6) もし自分の解釈について話せたら（　　　　　　　　　　　）

(7) もし自分の解釈について話せたら，でも同じ言葉が違うことを意味していたら

（　　　　　　　　　　　　　　　　　　　　　　　　　　　）

(8) あなた自身の「もしこうだったら？」という問い，その回答例をつくってください。

（　　　　　　　　　　　　　　　　　　　　　　　　　　　）

2. 異文化接触のシミュレーションゲームを，あなたも考えてみたなら？

題（　　　　　　　　　　　　　　　　　　　　　　　　　　）

内容（　　　　　　　　　　　　　　　　　　　　　　　　　　）

〈GROUP WORKSHEET 4-7〉

グループ番号（　　）メンバー（　　　　　　　　　　　　　　）
1. ゲームが「もしこうだったら？」と考えてみましょう。

(1) もっと長時間だったら（　　　　　　　　　　　　　　　）

(2) もっと複雑なゲームだったら（　　　　　　　　　　　　　）

(3) もっと大人数だったら（　　　　　　　　　　　　　　　）

(4) もっと競争的だったら（　　　　　　　　　　　　　　　）

(5) もし外国語で話していたら（　　　　　　　　　　　　　）

(6) もし自分の解釈について話せたら（

　　(7)　もし自分の解釈について話せたら，でも同じ言葉が違うことを意味していたら

$$\left(\qquad\qquad\qquad\qquad\qquad\qquad\qquad\qquad\right)$$

　　(8)　あなた自身の「もしこうだったら？」という問い，その回答例をつくってください。

$$\left(\qquad\qquad\qquad\qquad\qquad\qquad\qquad\qquad\right)$$

2．異文化接触のシミュレーションゲームを，あなたも考えてみたなら？

　題 $\left(\qquad\qquad\qquad\qquad\qquad\qquad\right.$

　内容 $\left(\qquad\qquad\qquad\qquad\qquad\qquad\right.$

(2) 異文化滞在者の困難

　異文化環境への移行で心理的に混乱することは古くから知られており，人類学者のオバーグは 1960 年にカルチャーショックという呼び名を提唱しました（Oberg, 1960）。世界の流動性が高まり，異文化接触の経験が増えるにつれて，環境移行にはポジティブな面だけでなく，ネガティブな心理状態が生じがちなことが知られてきました。

　身近なところで，在日留学生の異文化適応に関する研究の資料を見てみましょう。日本人学生と留学生で適応に関する項目の評定を比べています。以下は，神山（2001）から，留学生と日本人学生の適応状態を比較した資料です（表1）。日本人学生と留学生の適応の評定とその差が，表示されています。25 項目のうち留学生で評定が有意に高かったのは，ストレス項目の中の日本人の曖昧表現，生活圏の対人関係，外国語／日本語の練習，周囲からの特別視，孤独感項目の中の親しい人がいない，仲間外れである，気心の知れた人がいない，不適応症状項目の中のホームシックと疲れです。日本人学生の方が有意に高かったのは，ストレス項目の中の周囲からの無視のみで，これは協調性を気にするためかもしれません。総じて留学生は日本人学生よりも高ストレスで不適応症状が多く，環境との摩擦や孤立が，より心の負担になっていることがうかがえます。日本人学生よりも周囲の言語や文化に苦労し，人との交流に困難を覚え，関係性が弱く，ホームシックと疲れを感じている生活といえるでしょう。

　姚・松原（1990）の調査でも，突発的な病気，経済面など実生活，環境の違い，言葉，勉強，人間関係などのストレスが，留学生ではより高いと報告されています。環境移行によって，異文化滞在者が苦労している様子がうかがわれます。

(3) 異文化適応の理論

　1) 異文化適応の過程　異文化圏への環境移行に伴う戸惑いが，1960 年に人類学者オバーグ（Oberg, 1960）によってカルチャーショックと名づけられた後，異文化圏での不適応や適応に関する研究が蓄積されました。異文化接触場面では，文化差に

表1　日本人学生と留学生の適応評定（田中，2000）

区分	適応関連項目	日本人学生			留学生		t	df	p
		M	SD		M	SD			
ストレス	曖昧表現	2.68	1.11	<	3.39	1.16	−5.24	281	**
	日常生活	2.15	0.94		2.09	1.06	ns		
	生活圏の対人関係	2.39	0.98	<	2.81	1.14	−3.28	281	**
	外国語／日本語	2.17	1.06		2.29	1.21	ns		
	話題の理解	2.79	1.11		2.68	1.07	ns		
	生活情報	2.53	0.95		2.58	1.13	ns		
	外国語／日本語練習	2.20	0.96	<	2.49	1.29	−2.22	273.5	*
	学生間の親密化	2.83	1.08		2.96	1.21	ns		
	特別視	2.73	1.14	<	3.11	1.27	−2.26	280	**
	病気やけが	2.62	1.19		2.67	1.21	ns		
	無視	3.22	1.31	>	2.57	1.14	4.40	279	**
孤独感	つきあいなし	2.13	0.83		2.27	0.86	ns		
	頼る人なし	1.84	0.76		1.97	0.89	ns		
	親しい人なし	1.60	0.74	<	1.81	0.82	−2.29	282	*
	仲間外れ	1.77	0.68	<	2.02	0.88	−2.62	272.8	**
	引っ込み思案	2.00	0.88		2.00	0.75	ns		
	気心しれず	1.73	0.74	<	2.27	0.94	−5.44	277.2	**
不適応症状	満足感	2.87	0.70		2.90	0.80	ns		
	心地よさ	2.85	0.73		2.87	0.79	ns		
	ホームシック	1.59	0.75	<	2.52	0.86	−9.63	280	**
	イライラ	2.41	0.85		2.49	0.85	ns		
	疲れ	2.86	0.79	<	3.03	0.84	−1.74	282	†
	不安	2.55	0.77		2.58	0.86	ns		
	体の不調	2.09	0.89		1.99	0.96	ns		

注）・不等号は数値の大小，▆ は「その傾向が大」である方を示す。
　　・**p＜.01，*p＜.05，†p＜.10。
　　・適応関連項目中の／は，日本人学生用，留学生用別の質問紙の項目を表す。

直面した人にしばしば戸惑いが生じます。これは別に不自然なものではなく，人間の自然な心理として理解されるものです。物事が慣れた手順で運ばなかったり，自分の常識が通用しなかったり，何がどう進むのか把握できなかったりしたら，困惑や不安や不自由感が生じてもおかしくありません。交流する相手との間で，何が違うのかが具体的に分からない同士で，同じはずだと思い込み，違いを想定せずにやりとりをしていけば，誤解が生じる可能性が高まり，分かり合えないもどかしさが募ればやりとりの負担感が高まるでしょう。

　違うことがあるとしても，では「違い」は「間違い」かというと，本当は必ずしもそうではありません。違うからといって正しくないことというわけではなく，それぞれの正しさがあるだけということも考えられます。しかしこれらはしばしば混同されますし，線引きも容易ではありません。正しいかどうかというのは，何を基準にするかという価値観やそれを具現化したルールによるものです。つまり何を期待するかという人の思いに基づきます。現実場面では，試行錯誤を通して互いの違いを察知していきますが，それには時間がかかることも多いでしょう。思い通りにならないもどかしさや，予想通りに運ばない不満や失望から，原因帰属は否定的になりがちです。こうした心の動きを知っておくのは大事なことです。落ち着いてものごとを客観的に見ながら，根気よく工夫を重ね，滞在者を支援する努力ができれば，問題の解決に繋

がっていく希望が芽ばえてきます。

　混乱は永遠に続くとは限りません。人は次第に成長し，適応していくことが知られています。大事なことは，異文化適応は一日にしてならず，ということを心得ておくことではないでしょうか。異質な環境に移動して，次第に慣れていくことができたとしても，それにはやはり時間がかかります。異文化適応の理論や模式図を見ると，適応はプロセスであるという見方が表現されています。異文化適応は基本的に過程性の変化なのです。

　最もシンプルな変化の図式は，いったん落ち込んで回復するというUカーブ仮説と呼ばれる見方で，それに帰国後の再適応に伴う落ち込みと回復を追加したのが，Wカーブ仮説です（図2；Shibusawa & Norton, 1989）。異文化圏に慣れた人が元の環境に戻ると，そこで再びギャップに出会い，適応への一手間が生じるというのは，一見不思議かもしれません。しかしせっかく滞在先の環境に慣れたのに，それがなくなるのですから，喪失感や剝奪感が生じる可能性があります。しかも自分も母国の環境も，時間経過に伴って変わった部分がありますので，すべてがもとに戻るわけではありません。周囲の人達とは滞在先の体験を共有しにくく，孤立感を感じることもあるでしょう。帰国後の生活を再び軌道に乗せるのに，時間を要することは珍しくありません。ただし再適応に要する時間や混乱の程度は，個人差が大きいようです。

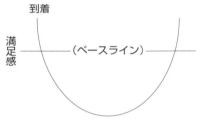

異文化適応のUカーブ
　異文化の一時滞在者は，到着時には興奮して満足感や幸福感の高い状態にあるが，その後カルチャーショックを経験していったん気持ちが落ち込む。そして新環境への適応が進むに従って，再び気持が上向きになるという。この図はそうした心理状態の変化を模式的に表している。

異文化適応のWカーブ
　異文化滞在時のような心理的変化は，帰国の際にもみられるという。出国時までのUカーブに続く，帰国時の幸福感，逆カルチャーショックによる落ち込み，その後の再適応という心理的変化を加えて，2つのU型をあわせると W型に似た形になる。この図はそうした心理状態を模式的に表わしている。

図2　適応過程の図解（Shibusawa & Norton（1989）をもとに田中（2000）が作成）

　より詳しく適応過程を記載した古典的な理論として，アドラー（Adler, 1975）による5段階説があります（表2）。異文化との接触，自己崩壊，自己再統合，自律，独立の段階へと変化していくという見方です。最初は異文化を表面的に見ているので，都合よいところが目に入りがちですが，やはり異質な環境なので違和感や不自由感が募ってきて，そうなると落ち込みが始まります。しかし違和感や嫌悪感を憤りとして発散しながら自尊心の立て直しに向かい，滞在先の文化が少しずつ理解できて人との繋がりが育っていくと，次第に落ち着きを得ていきます。最終的にはその地での居場所ができて，2つの文化を十分理解したうえで自分自身の選択ができるようになり，自己実現に向かうとみています。

　異文化適応を2つの下位分類で捉える見方もよく知られています。大きく分けて，

表2　異文化適応の段階（Adler（1975）をもとに田中（2000）が作成）

1.　異文化との接触

　新しい発見に喜びを感じる，陶酔的経験の時期。文化の異同を整理する枠組みをまだ持たず，差異に無自覚なままなので，自文化に即して行動する。環境は選別的に知覚されている。アイデンティティが保たれるよう，共通点を見つけて都合よく合理化している。

2.　自己崩壊

　両文化の相違点が目につき始める。混乱，喪失感，孤独感，不全感に悩む。緊張が高く，抑うつ的で引きこもりがちになる。不適応体験によって，自我は脅威にさらされる。文化的な違いに圧倒され，自文化を失うことを恐れており，新しい社会的役割の認識とその実践へと適切に踏み出すことができない。

3.　自己再統合

　文化的差異を正しく認めずに，過度に一般化したり，評価的で批判的な態度をとる。怒り，不安，葛藤，神経過敏が目立つ。敵意や疑惑を持ちがちになり，独断的で拒否的になる。異文化を拒絶し，自己主張も強くなるが，同時に自尊心が育ってくる。

4.　自律

　文化的な差異と共通点をいずれも正当なものとして認めるようになる。過度に防衛的なところがなくなり，リラックスしてくる。共感をもってホストを受け入れ，言語的・非言語的なコミュニケーションをこなし，対人関係ができてくる。異文化になじんだ行動をとり，自制力や自律性が芽生えてくる。自分で考えながら差異に対処して乗り越える自信がつき，性格的にも柔軟さが育ってくる。

5.　独立

　文化的な差異と共通点が，適切に認識され評価されるようになる。ホストとも愛情を交換し，感情的な交流ができる。文化差異を受け入れたうえで生活を楽しむことができ，異文化での生活の意義を見出し，将来的にも体験を有意義なものにできる。選択力がついて，責任ある行動がとれるようになる。より創造的で自己実現的な面が育っていく。

　当該社会の文化や習慣を取り入れて馴染んでいく社会文化的適応と，臨床心理的な病理がなく安寧な状態を確保する心理的適応の2つが測定されています（Ward & Kennedy, 1999）。

　適応の下位カテゴリに順序性を想定するのが，異文化適応の層構造モデル（畠中・田中，2013）です。在日外国人ケア労働者の研究では，心の活力と安定がベースになって，文化学習と職場適応が果たされ，充実感を得るという流れを想定しています。精神的適応，社会文化的適応，自己実現的適応の順序性を持った流れのうえに，次第に学びと成長が果たされていくとみています。

　他に，心身の健康，幸福感，満足感，学業や仕事の達成度，異文化ストレス，ストレス反応，イメージなどを指標に，適応が測定されています。複数の視点を目録状に使った，総合的な適応観による測定も試みられています。適応は多要因で経時的に変化する，結構複雑で複合的な現象です。

　異文化適応・不適応の影響要因は，個人と環境の両方にわたっています。個人ではパーソナリティ，動機づけ，態度，能力などがあります。能力も語学だけではなく，知識や技能，例えば対人関係形成や社会生活のための要領であるソーシャルスキル，専門性や経済力などが関わります。外交的で創造的，好奇心があって柔軟で，ストレス耐性が高いとより有利のようです。周囲の助けなどの資源が不十分だったり，本人が柔軟性を欠いていたりする場合は，より難しいようです。環境としては，対人環境と社会環境が考えられます。具体的には対人関係，ソーシャルサポート，文化的仲介者，所属集団，社会の受け入れ体制，偏見，多文化化などが注目されてきました。環境移行の経緯も関係があって，理由，期間，目的，予定，課題などが総合的に関わります。

　最後に，異文化適応の困難を減らし，適応を支援するために必要なことを考えてみましょう。基本方針は，適応の資源を増やし，不利な要素をできるだけ減らしていくことです。異文化滞在者を心理的に支援するには，過程性の変化の進行状況を見据え，段階ごとの考えや気持ちを聞き，進行を促す助けが望まれます。本人に関する関わりや心得としては，異文化に関わる姿勢や能力を調整していくことが考えられます。特に語学力，社会的知識，ソーシャルスキルは学習可能なものです。

　加えて周囲の人の有形無形のサポート，社会の受容的な環境が関わりますので，環境整備の努力が望まれます。親しい関係者と心の交流が成り立ち，社会に居場所を感じられることは，心理的な安定に繋がります。文化的仲介者が周囲にいて，文化の解説をしたり橋渡しをしたりできるかどうかは重要です。ネットワークの活用をはかり，地域の支援団体と繋いだり，同国人などピアサポートの担い手を紹介したり，出会いの場を設けたり，相談システムや行政サービスの浸透をはかることが助けになります。

　ゲストとホストの関係も，理解しておきたい心理的現象の1つです。異文化滞在者と受け入れ側はゲストとホストとして，マイノリティとマジョリティとして，力関係の中にあります。ホストの立場からは，文化差の相対性や力関係に意識が向きにくいことがありますので，注意が必要でしょう。集団間関係の研究では，個人の個性に注目して等しい立場で付き合い，協働的関係を持つことなどが融和を進めると考えられています。この意味では，個人としての関係を紡いでいくことが，集団としての関係性を変化させていく可能性を持っています。

　2）適応過程分析課題　事例を通じて考えたみたいと思います。他者の経験は，自分にとって代理の経験でありモデルでもあります。異文化滞在者の具体例を扱った作品や番組の登場人物に焦点を当てて，心理的な変化について分析してみましょう。アドラーの5段階がどのように見られるかを，当てはめてみるのが考えやすいと思います。すべての段階が順序よく見られるとは限りませんが，途中までで滞在が終わったり，どこかを抜かしたり目立たなかったり，プロセスを後戻りしたり，行ったり来たりする場合も含めて，何らかの変容が見られる作品を取り上げてください。実話が望ましいですが，フィクションであっても現実に取材して創られている作品は，段階がよく描けていることがあります。

　異文化適応の事例が出てくる映画，体験談，ドキュメンタリーなどは様々にありますが，「異文化適応の過程性の変化」がどう現れているかに焦点を当ててください。例えば映画なら，『ミスターベースボール』（ユニバーサルピクチャーズ），『ガンホー』（パラマウント映画）などは，プロセスが比較的分かりやすく描かれているように思われます。商業映画のため戯画化された描き方には賛否両論がありますが，取材に基づいており，変容過程はかなりカバーされています。当初は葛藤が生じながらも，共通目標ができて協力に向かい，互いの文化受容が進む様子が描かれています。

〈WORKSHEET　4-8〉
　異文化適応の分析

1. 取り上げた作品の題（　　　　　　　　　　　　　　　　　　　　　　　　　　　　　）

2. 異文化適応の5段階説をもとに変容過程を読み取ると？

3) ストーリー創作課題　自分自身を登場させて，身近な場面における異文化適応のストーリーを創作してみましょう。あなたがシナリオライターになると考えてください。あなたの所属する集団，例えばサークルやバイト先やクラスなどに，外国人が参加すると仮定し，「異文化適応の5段階説」（Adler, 1975）をたどる簡単なストーリーを作成してください。異文化滞在者の適応過程が反映されるように，流れとエピソードを構成してください。その際，できればあなた自身を文化的仲介者の役まわりで登場させてください。異文化の理解者，ホスト文化の解説者であり，滞在者と周りとを繋ぐジョイント役です。これまでに知った適応への影響要因を組み込んで，周囲の環境や本人の性質の反映を加味していくと，いっそう膨らみが出せるでしょう。

　異文化滞在者が自分の生活圏にやってくる話として，日本を舞台にするのが書きやすい設定だと思いますが，他に詳しい社会や文化があれば，そこを舞台にしても構いません。筋書きは何とでもつくれますので，いわばシナリオでシミュレーションができます。シナリオ展開を考えることは，出来事の発生と経緯をシミュレートしてみるという意味で，現実の予想であり予習でもあります。

〈WORKSHEET 4-9〉

　異文化適応のストーリー

1. 題（　　　　　　　　　　　　　　　　　　　　　　　　　　　　　　　　）

2. ストーリー

適応過程創作課題やストーリー創作課題は，グループ内で発表してください。一人
が選んだ事例や考えた分析，作ったストーリーは，他の人にとっても深いものです。
聞いてもらうことは励みになります。自分の作品との重なりを見出したり，新たな発
見があったりするでしょう。なお紹介してもらったら，作品ごとに拍手を忘れずにし
てください。発表者をねぎらい，励ます肯定的な雰囲気の中では，のびのびと発表し
やすくなります。最後に，グループで紹介された中から，グループごとにベスト分析
作品と、ベストストーリー作品を選び，その理由とともにクラスに紹介してください。

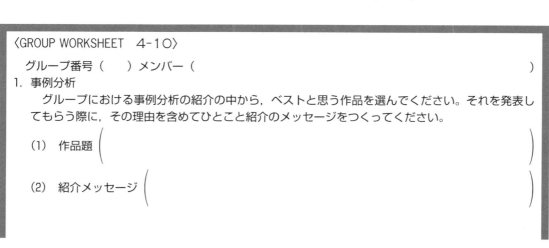

〈GROUP WORKSHEET　4-10〉

　グループ番号（　　）メンバー（　　　　　　　　　　　　　　　　　　　　　）

1. 事例分析
　　グループにおける事例分析の紹介の中から，ベストと思う作品を選んでください。それを発表し
　てもらう際に，その理由を含めてひとこと紹介のメッセージをつくってください。

　(1)　作品題（　　　　　　　　　　　　　　　　　　　　　　　　　　　　　　）

　(2)　紹介メッセージ（　　　　　　　　　　　　　　　　　　　　　　　　　　　）

2. ストーリー作成

　　グループで発表されたストーリーの中から，ベストと思う作品を選んでください。それを発表してもらう際に，その理由を含めてひとこと紹介のメッセージをつくってください。

(1)　作品題 （　　　　　　　　　　　　　　　　　　　　　　　　　　　　）

(2)　紹介メッセージ （　　　　　　　　　　　　　　　　　　　　　　　　　）

（4）まとめ

　　異文化適応の心理は，多要因で複合的な現象であり，時には使用言語も異なり，時間による変化も加わって，研究として扱うには測定や評価が難しい現象です。しかし異質さに出会ったときの戸惑いは自然な心理的反応であること，適応は成長を伴うことも多い過程性の変化であること，そして適応は本人次第，環境次第であることは基本として押さえておいてください。

　　新たな環境は，新たな発見の機会でもあります。それが肯定的に働けば，気づきから肯定的な変化に繋がる可能性が見えてきます。人は学び，成長する可能性を備えています。環境移行者は少しずつ変化していきますので，周囲ができるサポートに関心がある方は，学内や地域の支援体制やシステムについて調べてみてください。学生や市民が参加し協力できる支援の機会が見つかるでしょう。

〈WORKSHEET　4-11〉

　　学びによる変化を把握するために，異文化に関する認識を振り返ってみてください。

【授業の後に】

1. あなたは，次の(1)～(5)のように思いますか？

　①まったくそう思う，②少しそう思う，③どちらともいえない，④あまりそう思わない，⑤まったくそう思わない

　のうちから１つを選んで答えてください。

　(1)　異なる文化を持った人とは，なぜ問題が起きやすいのか，理解している。（　　）

　(2)　異なる文化に接した人が，一般的にどう変わっていくのか，理解している。（　　）

　(3)　異なる文化に対して，私たちがどう考えてしまいがちなのか，理解している。（　　）

　(4)　異文化に接したときの人間の反応を，理解している。（　　）

　(5)　異文化接触場面で何が起きるか，一般的な原則を理解している。（　　）

2. 上記の(1)から(5)のうち，この授業前と比べて，後の方がいっそう強く「そう思う」ものがあれば，項目番号に○を付けてください。

3. 授業の後に：この授業から，どういうことを学べたと思いますか？

（　　　　　　　　　　　　　　　　　　　　　　　　　　　　　　　　　　　）

5. US：特定文化間の邂逅と葛藤

〈WORKSHEET 5-1〉

　学びによる変化を把握するために，異文化に関する認識を振り返ってみてください。

【授業の前に】

1. あなたは，次の(1)～(8)のように思いますか？

　　①まったくそう思う，②少しそう思う，③どちらともいえない，④あまりそう思わない，⑤まったくそう思わない

　のうちから１つを選んで答えてください。

　(1) 外国人が日本文化を持った人と，どうやったらうまくいくか理解できている。（　　）

　(2) 日本文化と接した外国人に，どんな問題が起きるかを理解できている。（　　）

　(3) 日本文化のよさや欠点が，自分なりに理解できている。（　　）

　(4) 日本文化に対する外国人の適応・不適応現象について，理解できている。（　　）

　(5) 特定の外国文化を例に，日本人がその文化を持った人と，どうやったらうまくいくか理解できている。（　　）

　(6) 特定の外国文化を例に，その文化と接した日本人に，どんな問題が起きるかを理解できている。（　　）

　(7) 特定の外国文化を例に，その文化のよさや欠点が，自分なりに理解できている。（　　）

　(8) 特定の外国文化を例に，その文化に対する日本人の適応・不適応現象について，理解できている。（　　）

(1) 特定文化圏への環境移行

　1) **困難事例紹介課題**　　異文化滞在者を対象とした，困難や困惑や混乱に関する資料を探してみましょう。元の環境から滞在先の環境への環境移行において，本人と周囲の人のものの見方や考え方の違い，行動の仕方の違い，感じ方の違いは，具体的にどのようなところに見られるかを，個別の文化を対象に，実例に基づいて整理してみたいと思います。

　海外の特定の国から日本に来た場合，母国の環境と比べて日本の社会文化的環境のどこに戸惑いを覚えるのでしょうか。母国で当たり前と思っていた考え方が通用しなくて驚いたことが，何かあったでしょうか。また日本人が海外の特定の国に滞在したときには，その国のどのような社会文化的環境に対して，調整の努力が要るのでしょうか。日本の何がそこでは通用しなかったでしょうか。

　外国から日本に来た人の困難でも，外国に行った日本人の困難の事例でも結構です。特定文化間を対比した，文化の１対１対応の事例に注目し，具体的なエピソードを抽出するのが今回の作業です。学術論文をはじめとして，信頼できるリソースであれば報道や体験報告からの情報でも結構です。市販の海外滞在記には現地の魅力の案内や本人の心象風景を中心に綴ったものも多いのですが，困惑のエピソードが具体的に描かれていれば，素材として使えるでしょう。何が異なるのかを，具体的に調べてください。

　集めた情報は，グループで共有します。書き出した各地の困難を，地域ごとに整理してみてください。日本と対比して，その土地の文化は，困難の現れ方にどのように反映しているでしょうか。

　内容が具体的に分かってきたら，具体的な問題解決のための適応支援の可能性を考

えてみましょう。各グループで出てきた支援策の案は，クラス全体に向けて発表してください。

　筆者が関わった心理学ベースの学術論文としては，以下を紹介することができます。URLのある論文は，そこから無料でダウンロードできます。現時点で分かっているサイト情報を付けておきます。学術論文については，順次J-STAGEや発行元のサイトで電子的な公開が進んでいく流れがあるので，追って入手可能になるものが増えていくでしょう。

日本に滞在するムスリムの場合
【中野 祥子・田中 共子（2019a）．ムスリム留学生との交流のために──調査・実践研究から見えてきた日本的共同性の視点──　留学交流, *100*, 32–43.】
〈https://www.jasso.go.jp/ryugaku/related/kouryu/2019/__icsFiles/afieldfile/2019/07/09/201907nakanotanaka.pdf〉

日本に滞在するトルコ人の場合
【Sozen, A. I., Tanaka, T., & Nakano, S. (2018). The academic culture shock experiences of Turkish international students in Japan: A qualitative study. *The Asian Conference on Education, 2018 Official Conference Proceedings*, 295–307. ISSN: 2186-5892】
〈http://25qt511nswfi49iayd31ch80-wpengine.netdna-ssl.com/wp-content/uploads/papers/ace2018/ACE2018_42759.pdf〉

トルコに滞在する日本人の場合
【中野 祥子・田中 共子（2019b）．在トルコ日本人における対人行動上の困難──トルコ人との異文化交流における葛藤経験──　異文化間教育, *50*, 124–136.】

ブラジルに滞在する日本人の場合
【迫 こゆり・田中 共子（2017）．ブラジル留学における困難体験とその対処──在ブラジル日本人留学生の異文化適応支援に向けて──　留学生教育, *22*, 19–30.】

〈WORKSHEET 5-2〉
1. どこからどこの，国・地域・文化の環境移行か？
（　　　　　　　　　　　　）から（　　　　　　　　　　　　）
2. どのような違いに出会ったか？

3. どのような困難を経験したか？

4．適応支援として何が考えられるか？

（　　　　　　　　　　　　　　　　　　　　　　　　　　　　　　　　　　）

〈GROUP WORKSHEET　5-3〉

　グループ番号（　　）メンバー（　　　　　　　　　　　　　　　　　　　）
　グループで紹介された困難の例

（　　　　　　　　　　　　　　　　　　　　　　　　　　　　　　　　　　）

　グループで考えた支援策

（　　　　　　　　　　　　　　　　　　　　　　　　　　　　　　　　　　）

　2）身近な文化差探索課題　　文化差の捉え方について，考えておきたいと思います。上記の課題では，特定地域間の対応関係をピンポイント的に考えました。文化差は相対的なものなので，個別の対応性が，差異の評価に重要です。先に紹介したホフステードら（2013）のIBM社員の調査を見ると，日本の個人主義の度合いは調査対象の国・地域の中ではほぼ中位でした。つまりより度合いの高い文化からみれば，日本は集団主義的に見えるでしょうし，より度合いの低い文化からみたらより個人主義に見えるわけです。評価は相対的で，困難の所在も相対的です。

　文化の類似性が高い場合を，文化間距離が近いと表現することがあります。例えば個人主義の度合いが似ていれば，個人ベースか集団ベースかという価値判断の点においては近いためその点については馴染みやすく，システムにも違和感が少ないでしょう。しかし文化間距離が大きい場合は，違いが目に付くかもしれませんし，慣れるのに時間がかかるかもしれません。カルチャーショックのもとになる差異は，個別の文化の相対的な違いから生じてくるものであり，2文化間の対応性が個別の事象の出現の仕方に影響してきます。

　問題解決を課題とすれば，葛藤因的文化観が注目されますが，文化差を対比的に捉える視点からすれば，実際には肯定的な評価の差も否定的な評価の差も含まれるでしょう。母文化に比べてより困る面も，より歓迎できる面も見つかる可能性があります。

　また差異のレベルの判断は，集団単位とは限りません。個人の好みや適性に照らしてみたら，馴染みやすいことやそうでないことが変わるかもしれません。自分の性格にはこの文化のほうがよく合っている，などと思うかもしれませんし，内容によっては母文化よりも快適に感じる場合もあるかもしれません。一般論だけで解釈できない，個別論の複雑さがそこにはあります。

　さらにいうなら，環境移行に伴って違いに向き合うことは，外国滞在に限ったことではありません。同じ国の中でも，下位文化があります。例えば家風，校風，社風などの言葉があります。所属集団が変われば，考え方ややり方の違いに出会い，不慣れな感じを覚えた，などということはありませんか。土地柄の違い，世代や性別の違いもあるでしょう。集団にはカラーが生まれますので，集団としての方向性の違いは様々な単位で生じています。中でも違いが大きくて分かりやすい，代表的なカテゴリとして，国によるカラーが認識されているといえます。国をまたいで地域で特徴的なまとまりがあったり，同じ国の中でも複数の集団が特色を発揮していたり，離れた地域でも宗教によって共通するものがあったりします。

　日本国内で考えると，比較的察知されやすい違いとして，出身地域による違いを考えてみることができるでしょう。都会から田舎に移ったら風習の違いがあったとか，関東と関西で笑いの違いを感じたとか，出身県の県民性が取り沙汰されているとかは，比較的身近な話題ではないでしょうか。日頃は敢えて意識することが少ないとしても，こうした身近な異文化性は，移動の機会や様々な地域の人と会う機会があったときに，それとなく察知されているのではないかと思います。

　文化とは集団に共有され伝達される一定の方向性だと考えるなら，そこには目に見えるものも見えないものも含まれます。出会いは違いに気づく機会をもたらします。異文化の概念を少し広げてみるために，身近な異文化について，体験的に気づいた例を挙げてみてください。グループで紹介し合えば，同じことを違う角度から眺めた例などもみつかるかもしれません。身近な範囲で複眼的な観察を試してみてください。

〈WORKSHEET　5-4〉

　日本の地域間で，あなたが気づいた文化の違いは？

〈GROUP WORKSHEET　5-5〉

　グループ番号（　　）メンバー（　　　　　　　　　　　　　　　　　　）
グループで紹介された地域間の違いは？

---

(2)　人間理解の３層モデル

　文化差について，代表的な知見や資料をもとに，問題の発生機序と解決に関わる面を中心に見てきましたが，ここで文化差と人間理解について考えておきたいと思います。集団の特徴も個人の特性も，１人の人間に組み込まれています。では文化と人間の関係を，どのように見ておくかということを考えてみましょう。集団の特色で人の

すべてを解釈したら，集団決定論になってしまいますし，個人の個性のみで人のすべて理解してしまおうとしたら，所属集団に由来する特徴を見落としてしまうでしょう。心理学的な人間理解として，人間を3層構造として解釈する考え方を使いたいと思います（図2-3）。これはホフステードら（2013）の人間理解をもとに，分かりやすく図解しました。人間，集団，個人の3層の特性が合わさって，人間ができていると考えます。

　3層のピラミッド型の一番下層は，「人間」です。最も基盤にあたる層として，人間としての普遍性や共通性を置きます。人に共通する特徴を想定し，それは誰にでもあるものと考えます。次の中間層が「集団」です。集団の特色を意味します。人は所属集団の中で社会化していき，その集団の価値観を内在化させていきます。その集団での習慣が身に付き，規範を実践するようになり，そこの習慣に感覚的に馴染んでいきます。この部分が文化の影響を意味します。最上層は，「個人」です。特定の個人における，その人の個性を意味しています。

　例えば，おかしかったら笑うのは人間としての共通の特性といえます。しかし関東と関西の笑いの質は違うとよくいわれます。地域間で笑いのスタイルが違うとしたら，自分が馴染んだ地域の笑いにはよく反応するかもしれません。お笑いを提供してもらっても，笑いのツボが異なれば，さほど笑わない可能性があります。人は2つの地域の文化の違いに影響されているといえるでしょう。そして個人としてみると，笑い上戸の人もいればそうでない人もいます。平素からよく笑う人とあまり笑わない人がいることは，個人差として受け止められています。

　この3層を重ねて，1人の人間ができています。例えば，笑いの種類が違うのであまり反応しなかっただけなのに，ノリの悪い人と思われたり，自分の地域では身近なおふざけに，これが楽しいなんて品がないなどと思われたりしたらどうでしょう。同じように，悲しければ泣くのが人間ですが，男性は泣くものではないと育てられたら，悲しくても一生懸命涙をこらえるかもしれませんが，それは悲しくないということではありません。日本の企業の謝罪会見で代表者が涙を見せるのを，海外メディアが不思議がるという出来事もありました。トップの役割や感情表出について，異なる理解があることが推測されます。

　これら3層の境目は見えにくく，印も付いていませんので見分けにくいものです。目に見えるのは，結果としての1人の人間でしかありません。心理学の世界でも，一昔前は，中間の文化の層を抜いた，2層モデルで人を判断していた過去があります。例えば西欧の研究者が発展途上国で調査を行い，自分たちの基準を使って知能の優劣を判断するようなことをしていました。文化の存在や影響に気づいてからは，間の層を抜かして考えることは個人の誤解に繋がる，という反省が生じました。今では，そ

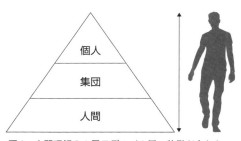

図3　人間理解の3層モデル（3層の特徴が合わさって1人の人になる：ホフステードら（2013）をもとに作成）

の地域での知性や優秀さは別の基準で見た方がよいかもしれないと考えますし，測定の方法が合っているかどうか，より丁寧に吟味するようになってきました。それでも，尺度の数値は調整しても測定する概念自体を十分に吟味できているかというと，まだ課題が多く残っています。

　先に紹介したホフステードら（2013）の調査でも，後になって，東洋の発想を十分に入れていなかったかもしれないという反省が生まれています。彼らは，調査メンバーが西洋出身者だけでは，発想が限定されてしまうことに気づきました。そこで東アジアの発想も取り入れるなどして，追加調査を行っています。結果として，物事を長い目で見るかどうかという長期的志向が，第5の軸として見出されたと報告しています。

　見えている特徴をすべて個人の個性のせいにしてしまうと，解釈や評価に誤解の可能性が生じ，単なる集団の常識の違いが個性の発揮に見えてしまう可能性があります。異文化接触の心理学を学んだ人達は，このことにより自覚的です。しかし一般に，この認識はしばしば不十分です。個人に過度な帰属をすると評価がゆがみかねないことは，見過ごされがちです。特にマジョリティとマイノリティの関係がある場合，マイノリティ側の差異を否定的に評価しやすくなる心理には，注意が必要です。偏見が背景にある場合もありますが，人類は皆同じとみて違いを言い立てないことを規範と捉え，敢えて差異に注意を向けようとしない場合もあります。

(4) まとめ

　集団は個人の集まりです。集団の平均値の差について検定して，統計的に有意差が見出されたとしても，それは集団の代表値を算出して評価したに過ぎません。集団内の値を分布で表現したら，目の前の人が分布のどのあたりにいる個人であるかは，一人一人異なります。真ん中辺りの人が多いかもしれませんが，上の方や下の方にいる人もあるのです。

　スコアの分布には重なりがあるけれど，ピークがずれており，平均値には有意差が得られた，という場合を考えてみましょう（図4）。例えば個人主義のスコアで考えてみます。［A］という集団と［B］という集団があって，平均値Aと平均値Bの間には，有意差があるとします。平均値がより低い［A］集団の中のaさん個人が，より高い［B］集団に属するbさん個人よりも，スコアが高いということがありえます。より個人主義度合いの低い集団に属する人のスコアが，より個人主義度合いの高い集団に属する人のスコアを，上回ることがあるということです。

　集団単位の測定と，個人単位の測定では，見ている部分が異なるということを理解しておいてください。個人はそれぞれのスコアを持っています。どのあたりにどれだ

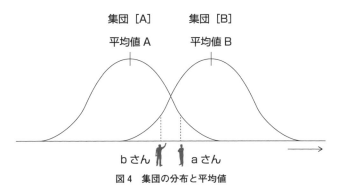

図4　集団の分布と平均値

けが分布しているか，代表値はいくつか，ということは，その集団のありようを示しています。個人か集団か，見るレベルを意識しておくことが，正確な理解に繋がります。

　私たちは3層構造を念頭に置き，人間を総合的なものとして理解していくという人間観を基本に持っておきたいと思います。個人への支援をする場合は，集団の特徴を考えに入れたうえで，個別性にも焦点を当て，個性という層を重ねていく見方を心がけていきたいものです。

〈WORKSHEET　5-6〉

　学びによる変化を把握するために，異文化に関する認識を振り返ってみてください。

【授業の後に】

1．あなたは，次の(1)～(8)のように思いますか？

　①まったくそう思う，②少しそう思う，③どちらともいえない，④あまりそう思わない，⑤まったくそう思わない

　のうちから1つを選んで答えてください。

　(1)　外国人が日本文化を持った人と，どうやったらうまくいくか理解できている。（　　）

　(2)　日本文化と接した外国人に，どんな問題が起きるかを理解できている。（　　）

　(3)　日本文化の良さや欠点が，自分なりに理解できている。（　　）

　(4)　日本文化に対する外国人の適応・不適応現象について，理解できている。（　　）

　(5)　特定の外国文化を例に，日本人がその文化を持った人と，どうやったらうまくいくか理解できている。（　　）

　(6)　特定の外国文化を例に，その文化と接した日本人に，どんな問題が起きるかを理解できている。（　　）

　(7)　特定の外国文化を例に，その文化のよさや欠点が，自分なりに理解できている。（　　）

　(8)　特定の外国文化を例に，その文化に対する日本人の適応・不適応現象について，理解できている。（　　）

2．上記の(1)から(8)のうち，この授業前と比べて，後の方がいっそう強く「そう思う」ものがあれば，項目番号に○を付けてください。

3．授業の後に：この授業から，どういうことを学べたと思いますか？

（　　　　　　　　　　　　　　　　　　　　　　　　　　　　　　）

6. CG：異文化一般への対処

〈WORKSHEET　6-1〉

　学びによる変化を把握するために，異文化に関する認識を振り返ってみてください。

【授業の前に】

1. あなたは，次の(1)〜(5)のように思いますか？

　　①まったくそう思う，②少しそう思う，③どちらともいえない，④あまりそう思わない，⑤まったくそう思わない

　のうちから１つを選んで答えてください。

(1)　どこの文化の人にも共通する，異文化の人と接するときのコツが，自分は身に付いている。（　　）

(2)　異文化接触全般において，問題を起こしそうな対応の仕方を見分けられる。（　　）

(3)　文化の違いがあってもうまくやろうとする場合に，最も大事な考え方は何かを，自分は分かっている。（　　）

(4)　文化の異なる人と接するときの一般的な心得を，自分は会得できている。（　　）

(5)　異文化接触一般に求められる対応の仕方を，自分は身に付けている。（　　）

---

(1) 対処の学習

　今回からはいよいよ最終の段階，すなわち対処の段階です。異文化接触の場面を理解する歩みを続けてきましたが，では実際にどうしたらよいのか，という最終的な問いに応えようとするのが，ここでの学びの焦点です。

　個人的にはこうしたい，こうすべきだ，という理念論があるかもしれません。しかし分かることとできることは違います。分かったことをすべて速やかに実行できたら素晴らしいのですが，知ってさえいればできる，とはいえないのが難しいところです。やるべきことの方針はあっても，具体的なところがよく分からなかったり，勇気がなくてためらったり，自信がなくて見送ったり，本音と違って迷っていたりすることもありえます。

　こうすべきとかせねばという，ネバやベキの理想論は立派ですが，それらは行動に移されて初めてインパクトを持ちます。総じて異文化接触の建前論は盛んでも，すぐに行動に移せるかというと，生身の人間はなかなかそういかない，というのが現実ではないかと思います。

　今回は，多様な文化圏の人達がいるときの対応の仕方を考えてみます。文化によらず押さえておきたい，異文化性を伴う場面での一般的な対処を視野に入れます。異文化性を持った人達がいるとき，違いがあるかないか分からない，ありそうだけれど詳しくは分からない，というときには，違いがあるかもしれないことを念頭に置いて，そして少しずつ状況を見極めながら，複数の可能性を想定しつつ，柔軟に対応していくことが望まれます。小刻みな段階をはさみながら，行動化へのステップをたどっていってみましょう。

　手順ですが，最初は文化アシミレーターを使って，場面の解釈の仕方と判断の仕方，つまり認知の成分に焦点を当てます。続いて，いつどのように振る舞うか，何を言うかを扱う，行動の成分に焦点を当てます。これが今回試みる認知行動的な対処の学びの概略です。異文化接触場面を想定した，認知から行動へのソーシャルスキル学習へ

の流れを念頭に置いて（表3），この流れをたどっていきましょう。

表3　文化アシミレーターからソーシャルスキル学習への流れ

```
1．文化アシミレーター
　1）アシミレーター例題
　2）自分の選択と理由のメモ
　3）グループで意見の共有
　4）クラスで意見の共有
　5）文化の観点からみたまとめ
2．ソーシャルスキル学習
　1）場面設定の説明
　2）構想メモ　自分の考え方・行動の仕方・具体的な手順と言葉
　3）グループ編成，役割確認
　4）ロールプレイ1巡目　演技・フィードバック
　5）グループの報告
　6）課題の整理
　7）ロールプレイ2巡目　演技・フィードバック
　8）グループの報告
　9）ベストプレイの紹介
　10）総括（要点，実践への展望）
```

（2）ホストによる多文化対応

1）ホスト版文化アシミレーター課題　　　留学生と接する日本人ホスト向けの文化アシミレーターを使って，エクササイズをしてみましょう。文化アシミレーターは多肢選択型の例題で，異文化間教育の教材として使いやすいものの1つです。教材はいろいろ作られているので，機会を見つけて試してみて欲しいと思いますが，文化アシミレーター自体は，事態の理解に主眼が置かれています。そこだけ実施する場合は，AUCのうちCの前のU段階に該当するでしょう。今回はC段階に発展させていく契機として使いますので，力点が置かれるのは対処行動の学習の部分です。すなわちアシミレーターとしてだけでなく，ホストとしての対応を考えて，模擬的な対応練習を行うセクションを追加するという，応用的な使い方をします。このように対処のオプションを付けることで，アシミレーターの様々な例題を活用できるようになります。

　以下は，「日光を見ても結構ではなかった」と題された例題（大橋ら，1992）を簡略にした抜粋版です。この状況について一緒に考えてみましょう。

　「太田君は日本人と外国人の若者のためのスキーツアーを企画し，夜行バスは日光を目指して出発しました。地域活動を通じての顔見知りも多く，車内は楽しかったのですが，東アジア，東南アジア，欧州，中南米など様々な国から来た外国人の参加者は，太田君が思ってもみなかったことをしていきます。まず途中のドライブインで，10分間の休憩時間が終わっても戻らない人たちがいました。困っていたら遠くから歩いて戻って来て，ラーメンを食べに行っていたといいます。トイレ休憩の時にトイレに行かずに，トイレに行きたいからと道路脇で止めてもらって，野外で用をたした人たちもいました。スキー場では，初心者が多かったので講習を手配していたのですが，次第に講習を抜け出す人が増えていきました。自由にやりたいからと言いつつも，盛んに転んでいたりします。夜になっても，宿に戻ってこない人たちがいます。さすがに心配になり，警察への通報を考えた出したところ，ふと帰ってきました。太田君

は，どこへいっていたんだよと，大きな声を出してしまいました。彼らはきょとんとして，街までバスで行って観光してきたんだ，楽しかったよ，とのことでした」。

どうしてこうなったのでしょうか。①外国人はだらしがないから？　②日本語の注意がよく分からなかったから？　③スケジュールがきつすぎる計画だったから？　④集団行動に慣れていなかったから？

当てはまると思う番号を選び，あなたがそれを選択した理由も述べてください。

まず手元に自分のメモを作ってから，グループで出てきた選択肢と，それを選んだ理由を紹介し合ってください。その後で，どんな意見が出たかを，グループごとにお尋ねします。

〈WORKSHEET　6-2〉
1. どうしてそうしたか（　　　）
2. そう思った理由
（
）

〈GROUP WORKSHEET　6-3〉
　グループ番号（　　）メンバー（　　　　　　　　　　　　　　　）
1. どうしてそうしたか（　　　　　　）
2. そう思った理由
（
）

どうしてこうなったのか，その解釈として，どれもふと頭に浮かびそうな内容が選択肢に挙げられています。しかしここで，この混乱がもし文化の違いによるとしたら，という考え方を，可能性の中に入れて考えてみてください。つまり日本では一般的で，当たり前に思っていて，互いに期待もしていて，何度も繰り返して要領をトレーニングしている行いだけれど，外国人には当たり前ではないこと，思いつかないこと，慣れていないこと，抵抗感を持ったり不自由に感じたりしてしまうことが，何か考えられないでしょうか。外国人参加者の様々な行動から，何か気づくことはありませんか。もしかしたら，という発想を選択肢の形で考えてみたとき，どんな可能性が考えられるでしょうか。

文化というのはそこで育った人にとっては，習慣であり常識です。前提であり規範です。しかしそれを共有していない人には，どうでしょうか。この場合は，どの程度集団を基本に行動するのか，その点に，すでに文化による違いがあるかもしれません。周りの人達と一緒に何かをすることに，安堵や心地よさを覚えるかもしれませんが，一方で，個人の意思や趣向を尊重することに，快適さや満足を覚えるかもしれません。多文化集団では，その判断が多彩であったとしても不思議ではないでしょう。

　思い通りにならなかったとき，期待通りに事が運ばなかったとき，自分が大事に思っていることが尊重されなかったとき，人は原因帰属が否定的になりがちです。つまり，悪い方に捉えてしまいます。そのうえ心理的な特性として，自分のことより人のことは，状況よりもその人の内的要因に帰属しがちといわれています。相手がこういう人だからと，人の性質のせいにしてしまうということです。しかし，非常識に見える行動が，実は所属集団の規範の違いを背景にしているものだったとしたらどうでしょう。個人の性質への帰属は，どこまで妥当なものといえるでしょうか。

　人間理解の3層モデルを思い出してください。人は1人の人として見られるので，3層のうちどの層に由来する行為かは，区別が付きにくくなっています。中層の文化の影響を抜かした2層モデルで，最上層の個人の個性に理由づけしてしまうとしたら，それは誤解の構図になっているかもしれません。

　2）対処行動の計画　もし集団行動が通用しなかったのだとしたら，と考えてみましょう。日本的な規範を前提視しないなら，このツアーはどうしたらよいのでしょうか。日本の基準を押しつけてはいけないと思う人や，みんなを自由にさせてあげればよいのにと思う人はいるかもしれません。では，夜戻ってこない人がいても，心配しなくていいのでしょうか。遭難かもしれませんが，警察に探してもらいますか。往路においても，皆が集まらなければバスはなかなか出発できませんので，スケジュールが狂うことが考えられます。では乗り遅れたら置いていけばよい，ということにできるでしょうか。これは楽しく過ごしたい若者たちのツアーなのです。

　さあ，ここで，何をどうしたらよいかを考えてみてください。現実的にです。

　以下の順で，具体的に話を進めましょう。まず，この問題をどうみてどう捉えるか，どのような方針で解決していくかという，自分の「考え方」を持ってください。次に，ではどのような行為を採用するかという，「行動の仕方」を考えます。そして考え方と行動の仕方の方針が立てられたら，実行に至る「具体的な手順」を考えてください。そして，自分が実際に言える「具体的な言葉」，つまりセリフを思い描いてください。

　考えやすくするために，ここでは，朝の集合時間にアナウンスメントをする場面を想定しましょう。他の場面でもできますので，慣れたら他も試してみてください。さて，あなたは大田君の役です。朝の集合場面です。このツアーの方針や注意事項を，そこで説明して確認をとってみてください。この場面で何をどう伝えるか，それが課題です。なお課題を設定する際には，具体的な行動を思い描きやすい場面を設定するのがコツです。今回は集合場面としましたが，場面のつくり方は一通りではないので，余裕があったらまたいろいろ考えて試してみてください。

　さて，ここではゲストには多様性があるということを前提にしてください。文化的多様性を備えた集団でツアーを組む場合，参加者にとって日本の規範は必ずしも前提にはならないかもしれないということを，想定内と考えてみましょう。

　では，あなたの案をメモすることから始めましょう。

〈WORKSHEET 6-4〉

1. どうしたらいいと思いますか？

　　（次ページへ）

(1)　考え方

(　　　　　　　　　　　　　　　　　　　　　　　　　　　　　　　　　　　　　　　)

(2)　行動の仕方

(　　　　　　　　　　　　　　　　　　　　　　　　　　　　　　　　　　　　　　　)

(3)　具体的な手順と言葉

(　　　　　　　　　　　　　　　　　　　　　　　　　　　　　　　　　　　　　　　)

　3) ホストのソーシャルスキル課題　　ここからはソーシャルスキル学習の実演パートに入ります。つまり対人行動を技能と捉えて，その要領を試しにやってみて学習する演習部分です。今回はシンプルに，小グループで「ロールプレイ」をしてみます。役割を割振って，寸劇形式の練習をします。全体で 2 度，演技をしてみようと計画しています。

　5 人程度の小グループをつくります。1 人が太田君役になります。他に参加者役を置きますが，日本人 1 人，外国人 2 人くらいでよいでしょう。この人達は，説明を聞く側です。太田君の説明に対して，質問をしても構いません。そしてロールプレイに参加しない観察役を，1 人置きます。太田君と参加者の役者にはそれぞれの立場がありますが，観察役は全体の進行やリズムなどを客観的に見てください。人数が増減したら参加者役で調整してください。少ない場合は，最小限，太田君と参加者の二役があれば，演技はできますので，適宜他を減らしてください。

　太田君役は，1 人終わったら次の人に交代します。参加者役と観察役もあわせて交代していきます。演技が終わるごとに，フィードバックをします。やってみてどうだったかを，太田君役と参加者役に述べてもらいましょう。そして観察役も，気づいたことを述べます。まとめ用に，自分の感触や気づきもメモしていってください。進行を滑らかにするためには，司会者を決めておくと便利です。書記も設定して様子を記録してもらい，あとでグループの様子を聞かれたときに発表してもらうといいでしょう。

　フィードバックの際には，良いところを探しましょう。否定的なことは言わないことにします。「良いところ探し」をしていけば，要領やコツが集まりますので，望ましい形が見えてくるでしょう。ここでは，何を試しても批判されないことが，思い切って試行錯誤できる場をつくるコツなのです。けなされない安堵感があれば，いろいろ試せます。もし褒めることがないと思っても，今の笑顔が良かったとか，タイミングが良いとか，何か探してください。こうするともっと良くなる，という思いつきがある場合は，肯定的なオプションのニュアンスで，後から追加してください。そして 1 人終わるごとに，必ず拍手をしてねぎらってください。これも，肯定的な雰囲気をつくるための仕掛けです。

　皆の演技が一通り終わったら，クラス全体で各グループの様子を報告してもらい，クラスで振り返りをしてみましょう。難しさや面白さを含めて自分の率直な感想を述べてください。自分はうまくできたかどうか，他の人の良かったところはどこだったか，自分としてはさらにどうしたいと思うかなど，意見を交換してください。以上が

1巡目の演技です。

　それでは，自分の演技と他の人の演技について，記録をとりながら，ロールプレイ
を進めていきましょう。

〈WORKSHEET　6-5〉
1. ロールプレイ【1巡目】
　(1)　あなたは「太田君」として，どのようにアナウンスをしましたか？

　　（　　　　　　　　　　　　　　　　　　　　　　　　　　　　　　　）

　(2)　自分が太田君役をしたときの，自分の演技を振り返ってください。
　　　1）どのくらいうまくできましたか？
　　　　①大変うまい　②うまい　③まあまあ　④うまくない
　　　2）上記の選択の理由は？（　　　　　　　　　　　　　　　　）
　(3)　自分が参加者役をしたとき，参加者としてどのように感じましたか

　　　1）1人目の太田君　（　　　　　　　　　　　　　　　　　）日本人役
　　　　　　　　　　　　　　　　　　　　　　　　　　　　　　　　外国人役

　　　2）2人目の太田君　（　　　　　　　　　　　　　　　　　）日本人役
　　　　　　　　　　　　　　　　　　　　　　　　　　　　　　　　外国人役

　　　3）3人目の太田君　（　　　　　　　　　　　　　　　　　）日本人役
　　　　　　　　　　　　　　　　　　　　　　　　　　　　　　　　外国人役

　　　4）4人目の太田君　（　　　　　　　　　　　　　　　　　）日本人役
　　　　　　　　　　　　　　　　　　　　　　　　　　　　　　　　外国人役

　(4)　自分が観察者役をしたとき，どのようなことに気づきましたか

　　　1）1人目の太田君　（　　　　　　　　　　　　　　　　　　　　　）

　　　2）2人目の太田君　（　　　　　　　　　　　　　　　　　　　　　）

　　　3）3人目の太田君　（　　　　　　　　　　　　　　　　　　　　　）

　　　4）4人目の太田君　（　　　　　　　　　　　　　　　　　　　　　）

　(5)　他の人の演技で，どういう「良いところ」が見つかりましたか。

　　　（　　　　　　　　　　　　　　　　　　　　　　　　　　　　　　）

　クラス全体で出てきた意見を聞き，自分の演技についても一通り振り返りができた
なら，2回目の演技の計画を立ててみましょう。同じ状況設定でもう1回，演技しま
す。次はこうやってみようと思うことを，メモしてください。方法やセリフは，1回

目と同じでも違っても構いません。いろいろな人の例や意見に触れたので，違うパターンを試してみるのもよいでしょう。どれかが正解というわけではないので，答えは一通りには決まりません。それぞれのやり方があって構いません。

〈WORKSHEET　6-6〉

　あなたが次に太田君役をするとしたら，どうしたらよいと思いますか？

（　　　　　　　　　　　　　　　　　　　　　　　　　　　　　　　　　　　　　）

　　　2回目の演技の準備ができたら，ロールプレイの2巡目を始めてください。他の人の演技は自分の演技の参考になりますし，自分と違う発想を知る役にも立ちます。工夫を取り入れたり，さらにアイディアを練ったりしてください。1回目にうまくいかなかったところは自由に変えていいので，工夫したり，思いつきを試したりしてみましょう。今は練習です。グループの中では否定されることはなく褒められるだけですから，思いついたことをいろいろ試しましょう。

　　　2巡目も，前と要領は同じです。演技が終わるごとに拍手をしてねぎらい，グループ内ではその都度フィードバックをしていってください。また自分の演技を振り返って，感触や気づきを書き留めていってください。

　　　一通りできたら，各グループの様子を発表する時間にしたいと思います。どんな演技があったかを述べてください。それから，一番良かったと思う演技，すなわちベストプレイを選んで，その理由とともに，クラスに紹介してください。皆の前で演じてもらえば，その演技を他のグループの人とも共有できます。

　　　最後に，自分がどう向上したと思うかを振り返り，この先実際に実践するならどうしたいかを考えてください。これで皆さんは，行動のリハーサルをしたことになります。出会うかもしれない場面の予習をしました。皆と一緒に繰り返して，意見をもらい，修正もしてみました。いくらか不安が減って，少し自信が付いていれば何よりです。

　　　こうして準備が進んだなら，次は現場でやってみたくなるのではないでしょうか。この学習が実践への後押しになっていれば幸いです。最後に，実践への展望を考えて，書き留めておきましょう。

〈WORKSHEET　6-7〉

2．ロールプレイ【2巡目】
　（1）　あなたの「太田君」は，どのようにアナウンスをしましたか？

（　　　　　　　　　　　　　　　　　　　　　　　　　　　　　　　　　　　　　
　　　　　　　　　　　　　　　　　　　　　　　　　　　　　　　　　　　　　　）

　（2）　自分が太田君役をしたときの，自分の演技を振り返ってください。
　　　1）どのくらいうまくできましたか？
　　　　①大変うまい　②うまい　③まあまあ　④うまくない
　　　2）上記の選択の理由は？（　　　　　　　　　　　　　　　　　　　　　　）

3）１回目と２回目では，あなたの行動はどこか違いましたか？

（　　　　　　　　　　　　　　　　　　　　　　　　　　　　　　　）

4）１回目と２回目では，あなたの気持ちは何か違いましたか？

（　　　　　　　　　　　　　　　　　　　　　　　　　　　　　　　）

（3）　自分が参加者役をしたとき，参加者としてどのように感じましたか

1）　１人目の太田君（　　　　　　　　　　　　　　　　　）日本人役
　　　　　　　　　　　　　　　　　　　　　　　　　　　　外国人役

2）　２人目の太田君（　　　　　　　　　　　　　　　　　）日本人役
　　　　　　　　　　　　　　　　　　　　　　　　　　　　外国人役

3）　３人目の太田君（　　　　　　　　　　　　　　　　　）日本人役
　　　　　　　　　　　　　　　　　　　　　　　　　　　　外国人役

4）　４人目の太田君（　　　　　　　　　　　　　　　　　）日本人役
　　　　　　　　　　　　　　　　　　　　　　　　　　　　外国人役

（4）　自分が観察者役をしたとき，どのようなことに気づきましたか

1）　１人目の太田君（　　　　　　　　　　　　　　　　　　　　　）

2）　２人目の太田君（　　　　　　　　　　　　　　　　　　　　　）

3）　３人目の太田君（　　　　　　　　　　　　　　　　　　　　　）

4）　４人目の太田君（　　　　　　　　　　　　　　　　　　　　　）

（5）　他の人の演技で，どういう「良いところ」が見つかりましたか。

（　　　　　　　　　　　　　　　　　　　　　　　　　　　　　　　）

（6）　あなたの演技の経験と，参加者役としての感触と，他の人たちの演技の良いところを組み合わせながら，考えてください。ゲストの多様性を考えたとき，ホストに望ましい対応とはどのようなものでしょうか？

（　　　　　　　　　　　　　　　　　　　　　　　　　　　　　　　）

（7）　あなたが現実場面で実行するときは，どうしたらいいと思いますか。

（　　　　　　　　　　　　　　　　　　　　　　　　　　　　　　　）

〈GROUP WORKSHEET　6-8〉

グループ番号（　　）メンバー（　　　　　　　　　　　）
あなたのグループのベストプレイを選んでください。その理由は？

（　　　　　　　　　　　　　　　　　　　　　　　　　　　　　　　）

(3) 経験整理課題

　日本人学生にとって，文化一般の対応を考える身近な場面は，留学生とのお付き合いではないでしょうか。上記では，相手の文化によらず，ホストとなった場合の異質さへの対応を考えてみました。近年は学内に留学生がいるという環境も増えてきました。在日外国人留学生との付き合い方について，あなたの経験を振り返っておくのは良い考えだと思います。

　あなたが日本人学生なら，留学生との対人関係形成に関して，経験から得た工夫や気づきを教えてください。そしてアドバイスできることを，言葉にしてください。まだその機会があまりないという方は，経験者の声に耳を傾けてみましょう。交流の魅力や要領を聞いておくことは，1つの準備になると思います。

　あなたが留学生なら，他の文化圏から来たたくさんの留学生仲間との交流を考えてみてください。日本にいるのはホストの日本人ばかりではありません。留学生は日本という文化圏の異文化滞在者という共通点を持っていますが，実は多彩な多文化集団です。媒介言語には日本語，英語，その他の言語が使われているでしょう。母語以外での意思疎通を駆使する，個性豊かな集団です。これほどたくさんの文化の出身者と接したことは，日本に来るまでなかったと言う人もいるかもしれません。多文化対応の感触や要領を教えてください。

〈WORKSHEET　6-9〉

1. 多様な国の留学生とうまくつきあうために，あなたが実行している考え方や行動の仕方にはどんなものがありますか？

（　　　　　　　　　　　　　　　　　　　　　　　　　　　　　　　　　　　　　　）

2. 多様な国の留学生とうまくつきあうためには，どうしたらいいと思いますか？

（　　　　　　　　　　　　　　　　　　　　　　　　　　　　　　　　　　　　　　）

〈GROUP WORKSHEET　6-10〉

　グループ番号（　　）メンバー（　　　　　　　　　　　　　　　　　　　　　　　　）

1. 多様な国の留学生とうまくつきあうために，あなたが実行している考え方や行動の仕方にはどんなものがありますか？

（　　　　　　　　　　　　　　　　　　　　　　　　　　　　　　　　　　　　　　）

2. 多様な国の留学生とうまくつきあうためには，どうしたらいいと思いますか？

（　　　　　　　　　　　　　　　　　　　　　　　　　　　　　　　　　　　　　　）

---

(4) まとめ

　世界の様々な文化を持った人達と交流する準備が少しずつ進んできました。練習をした後は，実践の場を求めていくことをお勧めします。学内の場や地域の企画など，異文化交流の機会を探して，積極的に関わってみるのがよいと思います。

　受け入れ側のホストとして関わる場合は，日本文化の解説役を買って出ることができます。この点では文化特異的な営みと繋がってきます。ホストが文化的仲介者の役を果たすことは，文化理解の促進に繋がり，滞在者を支援する１つの方法です。また自分自身が異文化圏の文化文法を知り，実践してみたいと思ったなら，続く CS セルがそれを扱っていますので，次へ進んでいきましょう。

〈WORKSHEET　6-10〉

　学びによる変化を把握するために，異文化に関する認識を振り返ってみてください。

【授業の後に】

1. あなたは，次の(1)〜(5)のように思いますか？
　　①まったくそう思う，②少しそう思う，③どちらともいえない，④あまりそう思わない，⑤まったくそう思わない
　　のうちから１つを選んで答えてください。
　　(1)　どこの文化の人にも共通する，異文化の人と接するときのコツが，自分は身に付いている。
　　　　（　　　）
　　(2)　異文化接触全般において，問題を起こしそうな対応の仕方を見分けられる。（　　　）
　　(3)　文化の違いがあってもうまくやろうとする場合に，最も大事な考え方は何かを，自分は分かっている。（　　　）
　　(4)　文化の異なる人と接するときの一般的な心得を，自分は会得できている。（　　　）
　　(5)　異文化接触一般に求められる対応の仕方を，自分は身につけている。（　　　）

2. 上記の(1)から(5)のうち，この授業前と比べて，後の方がいっそう強く「そう思う」ものがあれば，項目番号に○を付けてください。

3. 授業の後に：この授業から，どういうことを学べたと思いますか？

（
　
　
　
　
）

7．CS：特定文化への対処

〈WORKSHEET　7-1〉

　学びによる変化を把握するために，異文化に関する認識を振り返ってみてください。

【授業の前に】

1．あなたは，次の1（1）〜2（10）のように思いますか？

　①まったくそう思う，②少しそう思う，③どちらともいえない，④あまりそう思わない，⑤まったくそう思わない

　のうちから1つ選んで答えてください。

（1）　ムスリム文化

　　1）ムスリム文化の特徴に，うまく対応する方法が具体的に分かっている。（　　）

　　2）ムスリム文化でトラブルを避けるために必要な，実生活上の態度が分かっている。（　　）

　　3）ムスリム文化独特のやり方を，自分も一部使いこなせる。（　　）

　　4）ムスリム文化の考え方を的確に理解して，戸惑わずに適切な対応ができる。（　　）

　　5）ムスリム文化を持った人と，どうすれば誤解を避けて分かり合っていけるか，その方法を具体的な行動レベルで理解できている。（　　）

　　6）ムスリム文化の文化的特徴に関わる対応の仕方が，会得できている。（　　）

　　7）大学内に限らず地域でも，たくさんのムスリムの人と交流したい。（　　）

　　8）ムスリムの人とうまく交流できる自信がある。（　　）

　　9）私にとって，ムスリムの人との交流は難しい。（　　）

　　10）ムスリムの人ともっと深くつき合いたい。（　　）

（2）　アメリカ文化

　　1）アメリカ文化の特徴に，うまく対応する方法が具体的に分かっている。（　　）

　　2）アメリカ文化でトラブルを避けるために必要な，実生活上の態度が分かっている。（　　）

　　3）アメリカ文化独特のやり方を，自分も一部使いこなせる。（　　）

　　4）アメリカ文化の考え方を的確に理解して，戸惑わずに適切な対応ができる。（　　）

　　5）アメリカ文化を持った人と，どうすれば誤解を避けて分かり合っていけるか，その方法を具体的な行動レベルで理解できている。（　　）

　　6）アメリカ文化の文化的特徴に関わる対応の仕方が，会得できている。（　　）

　　7）大学内に限らず地域でも，たくさんのアメリカ人と交流したい。（　　）

　　8）アメリカ人とうまく交流できる自信がある。（　　）

　　9）私にとって，アメリカ人との交流は難しい。（　　）

　　10）アメリカ人ともっと深くつき合いたい。（　　）

（1）文化学習としての異文化間ソーシャルスキル学習

　今回は，特定の文化への対処を具体的に考えます。対人場面での異文化接触は，相手のある経験です。相手の文化に合わせて取り入れたり，その文化に配慮して行動したりすることが考えられます。文化学習を理解の段階だけで留めず行動レベルでも行うには，その方法としてソーシャルスキル学習があります。文化特異的行動を，認知や行動の学習の枠組みで考え，対人行動の技能として捉えて学んでみるということです。

　ここではムスリムの文化とアメリカの文化を例にとってみましょう。ムスリムの文化は日本の文化とはかなり文化間距離のある文化かもしれませんが，その理解のニーズは高まってきています。アメリカは，日本人の留学先として最も多く選ばれる国で

す。海外生活の準備のニーズは高いと思われます。しかし言葉，つまり英語の学習という準備に比べて，行動の学習という準備は見過ごされがちです。実際はアメリカに限らず，特定の異文化圏における社会文化的文脈下でどう行動するかということは，異文化滞在者にとって毎日直面する切実な問題です。それを学んでおくことは，異文化適応のための効果的な支援策になります。

　現実の生活者は，だれもが何らかの文化の影響のもとで育っています。どの文化にもそれぞれの特徴があります。そういう自分がどの異なる文化と付き合うか次第で，個別性の高い課題が登場します。異文化への対処をどうするかという問いは，極めて現実的な課題に変換され，具体的な行動選択によって応えていかねばなりません。異文化間ソーシャルスキル学習では，対人場面での文化特異的行動を，認知と行動に渡って学習します。すなわち文化特異的な行動に焦点を当てて，その背景を理解し，行動のパターンを習得するというのが，今回やっていこうとしている異文化への対処の学習です。

　対処行動の発現は，極めて心理的なプロセスです。まず認知的なレベルとして，文化行動の理解があります。現地の社会文化的文脈のもとで，自分の意図を実現するのに適切と思われる行動の方針を決めます。次いで行動レベルの発現に向けて，動き出すタイミング，用いる言葉などを選択します。外国語の場合は，語彙や文法が気になるのは当然ですが，言語は意思の疎通に使う道具と考えれば，正確さだけを求めるのではなくて，内容と態度の選択が大事です。非言語の成分はメッセージの一部です。口調や声色，タイミング，ためらいの態度や喜びの表情など，言語以外の成分は雄弁にその人の気持ちや姿勢を表します。

　文化圏ごとに対人行動の流儀は異なります。人付き合いの要領には文化による多様性があります。すぐに友人になれるオープンな文化も，他者に慎重な文化もあります。友達になるこつや手段もそれぞれ異なります。その先には下位文化も個人差もあります。やり方が違えば戸惑うかもしれませんが，要領をつかめばよりスムーズに事が運ぶ助けになります。人付き合いにおける文化文法を知ること，つまり対人行動の文化学習は使い方によってはかなり有用なものになります。

　ここでは，異文化圏で有用な対人行動の要領すなわちソーシャルスキルを，異文化間ソーシャルスキルと呼んでおきましょう。ソーシャルスキルはイギリス人の心理学者が使い始めた言葉ですが，社会的スキルとか社会的技能と訳されることがあります。その研究は，多くが同文化圏内で行われてきました。ソーシャルスキルといえばそれが身近な日常の使われ方であり，その解明や習得への関心が高かったからでしょう。

　昨今は，対人関係形成がひときわ難しい異文化間の関係を考えるという，応用問題が登場しています。同じ文化圏の人と変わらないと考えて同一視するだけでは，必ずしもうまく進まない場合が出てきます。異文化圏では，母文化の行動が通用するとは限らず，問題を起こしたり誤解を生んだりすることがあります。そこで，異文化性に対処するという発想を持ってみたらどうなるでしょうか。異文化を理解して架橋する労力をかけ，必要に応じて当該社会のやり方を使いこなせたらどうでしょうか。相手の意図を誤解せずに理解できるようになって，自分の意図も誤解なしに伝えることができるようになったら，そしてその社会で受け入れられ歓迎される行動様式を，必要に応じて取り入れることもできたら，対人関係を構築していくときの助けになるかもしれません。長くその社会いれば少しずつ分かっていく要領なのかもしれませんが，滞在間もない人が時間をかけなければ分からないことだからと，諦める必要はないと思います。期間の限られた外国滞在であればなおのこと，予習しておくことが役に立

つでしょう。

　文化を学ぶことを文化学習と呼ぶことがありますが，文化と一口にいっても，対人行動の要領を学ぼうとした場合は，認知レベルの学習と行動レベルの学習をあわせた認知行動的な文化学習になります。当該文化圏の発想を理解することが，認知的な学習です。そして行動のパターンを身につけることが，行動の学習です。異文化圏の行動を予習し，自分の行動レパートリーを拡充しておくことができれば，それは行動選択の自由が増えることを意味します。実際にどういう行動を取るかは，その都度自分が判断し選択していけばよいことです。母文化と滞在先文化の行動のどれを使うかは，自分の判断に任されます。この意味では，行動パターンを知っていることと使うことは別といってもいいでしょう。もちろん文化行動を学習するかどうかも自身が決めればよいわけで，興味があったら学んでみるという考え方が基本だと思います。学習の希望がなければ，不参加でも傍観でも構わないわけで，それらも選択肢です。

　この学習の目的は，自分の理解の幅と行動の選択肢を増やしておくことにあります。対人関係形成に焦点を当てているので，そこで使われる行動には言語と非言語の両方の成分が含まれます。新たな文化圏での人付き合いに際して，何をどうするのかという判断の仕方と行動の仕方を練習することに興味がある方は，一緒にやってみましょう。

　これまで馴染んできた文化とはいろいろと違って，新しいものの見方や考え方を試していく面があるので，背景の価値観から理解しようとすることが勧められます。そして認知と行動をいくつかに分割して，小刻みな段階をたどっていくことを意識し，繰り返し時間をかけて丁寧に学ぶのがよいでしょう。自文化との対比的な整理は有用ですが，そこで違うものを一概に否定するのではなく，興味や関心を大切にして，まずは知ろうとしてみたり少し試してみたりすることで理解が深まることがありますので，それを試してみましょう。

(2) 在日ムスリム交流課題

　ホスト向けの文化アシミレーターのうち，相手文化をムスリムに絞った例題を使ってみます。先のCUセルと同じ要領で，認知を整理して行動学習を試みてみましょう。中野（2016），中野・田中（2019c）の「打ち上げパーティー」という例題を借り，簡略化のうえアレンジしてみました。以下を読んで，対応を考えてみてください。

　学生仲間で打ち上げパーティーをすることになり，ジュースやお菓子を買ってきました。サウジアラビア人の留学生Aさんもいます。テーブルには，ゼリーやチョコレート，ポテトチップスなど，美味しそうなものがたくさん並んでいます。しかしAさんは食べようとしません。勧めても困ったような顔で，いや，結構です，と言います。

　さて，どうしてでしょうか。①お菓子パーティーだというので夕食を食べてきてしまったから？　②実はダイエット中だったから？　③お菓子に食べられない成分が入っているから？　④お菓子ばかり食べるパーティーは抵抗があるから？

　選んだ選択肢とその理由を挙げてください。

　自分の意見をメモしたら，グループ内で紹介し合ってください。後で，どのような意見があったか，クラスに紹介してください。

〈WORKSHEET　7-2〉

1. 選んだ選択肢（　　　　）

2. 選んだ理由

（　　　　　　　　　　　　　　　　　　　　　　　　　　　　　　　　　　　　　　　）

〈GROUP WORKSHEET　7-3〉

　グループ番号（　　）メンバー（　　　　　　　　　　　　　　　　　　　　）

1. 選んだ選択肢（　　　　　　　　）

2. 選んだ理由

（　　　　　　　　　　　　　　　　　　　　　　　　　　　　　　　　　　　　　　　）

　理由としては，どれもありそうな感じがするものが並んでいます。日本人同士なら，個人の事情かな，とあれこれ考えてしまうかもしれません。ただ，もし文化を理由に考えてみるとしたら，何が考えられるでしょうか。サウジアラビアの方ですから，ムスリムかもしれない，そのことと何か関係があるだろうか，と発想してみましょう。一息おいて，何かあったら立ち止まって考えてみよう，必ずしも個人の事情ではないかもしれない，集団の事情も選択肢に入れてみてはどうだろうか，という物事の見方を試してください。彼らの生活の隅々まで及ぶ宗教的な規範について，何か聞いたことはありませんか。加工された食べ物には，一見しただけでは分からなくても，特定の成分が入っているかもしれません。袋の裏に，豚肉エキス，ゼラチン，などと書いてあるのを見たことはないでしょうか。表示を詳しく調べてみれば，禁忌になっている豚肉由来の成分が見つかるかもしれません。それを警戒している可能性を考えてみることができます。

　ムスリムに関する知識のある方は，すぐに宗教的な理由を考えつくかもしれません。別に知らなかったとしても，想像して何かあるのかなと，いろいろ考えてみてください。文化も選択肢に入れて，発想を柔軟にする練習です。原因帰属を柔軟化すること自体が目的です。ここでは，文化特異性の観点から，規範にそぐわなかったという解釈の可能性を考えてみましょう。ただしアシミレーターは，帰属の柔軟化の練習教材であって，文化決定論をすり込むためのものではありません。3層モデルで考えれば個人差はあって当然ですし，状況次第のこともあるでしょう。3層のうちの中層の事情を選択肢に入れる想像力の練習をしています。中野（2016）には，個人の事情を考えに入れた例題もありますので，いろいろ使ってみてください。中層の存在を適切に認識したうえで，個人の事情を重ねて考えていけるようになることを目指してください。

　では，先へ進みましょう。今回はどうしたらよいと思いますか。サウジアラビア人のAさんは仲間の一人であり，打ち上げパーティーを一緒にやりたいと，あなたは思っています。宗教的な規範があるため，同じようには飲食しにくい可能性を考えに

入れておきたいところです。

　このような人を集まりに誘うとしたら，どうしたらいいでしょうか。さああなたは，具体的にどうしますか。

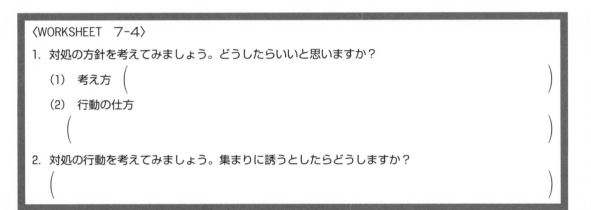

〈WORKSHEET　7-4〉

1.　対処の方針を考えてみましょう。どうしたらいいと思いますか？

　　(1)　考え方　(　　　　　　　　　　　　　　　　　　　　　　　　　　　)

　　(2)　行動の仕方

　　(　　　　　　　　　　　　　　　　　　　　　　　　　　　　　　　　　)

2.　対処の行動を考えてみましょう。集まりに誘うとしたらどうしますか？

　(　　　　　　　　　　　　　　　　　　　　　　　　　　　　　　　　　　)

　あなたの立てたプランに基づき，グループ内でロールプレイをしてみましょう。例えば計画を知らせて誘う場面を設定するなどは，演技しやすい場面でしょう。そこに主役と相手役を置いてください。場面に合わせて脇役を置くとよいでしょう。1人は観察役にして，演技に参加せずに演技全体の様子を観察するのはよい考えです。例えばグループが5人なら，次のように割り振るとよいでしょう。

　　場面　学生が集まっているところで，Aさんを集まりに誘う
　　　役1　主役。会の企画者の日本人学生。
　　　役2　サウジアラビア人の留学生Aさん役。
　　　役3　仲間の日本人学生役その1。
　　　役4　仲間の日本人学生役その2。
　　　役5　観察役。

　順次役割を交代して，1人ずつ主役を演じていってください。1人の演技が終わるごとに拍手でねぎらい，「良いところ探し」のフィードバックを受けてください。自分の演技を振り返り，記録をつけていきましょう。他の人の演技についても，気づいたことを書き留めてください。1巡目が終わったら，続けて自分が2回目の演技でどうするかという計画を立て，2巡目を行ってください。同じようにコメントを得て，気づきを書き留めていきましょう。時間があれば3回目をやっていただいても構いません。

　後で各グループの演技の様子を報告してください。クラスの人達に，どのような演技があったかを述べ，ベストプレイを再演してください。その演技を選んだ理由も含めて，紹介をお願いします。

　慣れてきたと思いますので，先のバージョンを少し簡潔にした，振り返りのワークシートを挙げておきます。記録に使ってください。

〈WORKSHEET　7-5〉

1.　1巡目

(1)　自分が主役だったときは，どのようにしましたか

（　　　　　　　　　　　　　　　　　　　　　　　　　　　　）

(2)　自分がもらったフィードバックはどんなものでしたか

（　　　　　　　　　　　　　　　　　　　　　　　　　　　　）

(3)　自分の演技をどう評価しますか
　　①とてもうまい　②ややうまい　③まあまあ　④あまりうまくない
(4)　それはなぜですか

（　　　　　　　　　　　　　　　　　　　　　　　　　　　　）

(5)　他の人の演技で，良かったところはどこですか。

（　　　　　　　　　　　　　　　　　　　　　　　　　　　　）

(6)　留学生役をしたとき，どう感じましたか。

（　　　　　　　　　　　　　　　　　　　　　　　　　　　　）

(7)　日本人学生役をしたとき，どう感じましたか。

（　　　　　　　　　　　　　　　　　　　　　　　　　　　　）

(8)　観察役として，どういうことに気づきましたか。

（　　　　　　　　　　　　　　　　　　　　　　　　　　　　）

(9)　もう1回主役をやるとしたら，どうしたいですか

（　　　　　　　　　　　　　　　　　　　　　　　　　　　　）

2．2巡目
(1)　自分が主役だったときは，どのようにしましたか

（　　　　　　　　　　　　　　　　　　　　　　　　　　　　）

(2)　自分がもらったフィードバックはどんなものでしたか

（　　　　　　　　　　　　　　　　　　　　　　　　　　　　）

(3)　自分の演技をどう評価しますか
　　①とてもうまい　②ややうまい　③まあまあ　④あまりうまくない
(4)　それはなぜですか

（　　　　　　　　　　　　　　　　　　　　　　　　　　　　）

(5)　他の人の演技で，良かったところはどこですか。

（　　　　　　　　　　　　　　　　　　　　　　　　　　　　）

(6)　留学生役をしたとき，どう感じましたか。

（　　　　　　　　　　　　　　　　　　　　　　　　　　　　）

(7)　日本人学生役をしたとき，どう感じましたか。

（　　　　　　　　　　　　　　　　　　　　　　　　　　　　）

（8）　観察役として，どういうことに気づきましたか。

（　　　　　　　　　　　　　　　　　　　　　　　　　　　　　　　　　　　）

3. 発表後
　（1）　他のグループの演技では，何が良かったですか

（　　　　　　　　　　　　　　　　　　　　　　　　　　　　　　　　　　　）

　（2）　実生活で似たような場面があるとしたら，どうしようと思いますか。

（　　　　　　　　　　　　　　　　　　　　　　　　　　　　　　　　　　　）

〈GROUP WORKSHEET　7-6〉

　グループ番号（　　）メンバー（
1. グループ内では，どのような演技がありましたか。

（　　　　　　　　　　　　　　　　　　　　　　　　　　　　　　　　　　　）

2. グループのベストプレイを選び，その理由を述べてください。

（　　　　　　　　　　　　　　　　　　　　　　　　　　　　　　　　　　　）

（3）文化的バランスポイント

　上記では食の規範の一端を取り上げましたが，ムスリムを理解しようと思えば，飲酒，服装，お祈り，性別による行動や適切な話題など，他にもいろいろと大事なことがあります。上記に挙げた教材などを使いながら，いろいろな場面を考えてみて欲しいと思います。

　上記の学習では，原因帰属の選択肢としての文化という発想で，個人の行動選択を解釈しています。これはホストが，相手文化を尊重して付き合っていく場合のスタンスとしてよく使われます。実際のホストの態度としては，相手文化を受け入れて合わせていく場合もありますし，自文化寄りに接する場合もあります。この度合いは文化的バランスポイント（中島・田中，2008）として解釈できます。どのあたりになるかは，ケースバイケースです。滞在地域の文化受容に熱心な異文化滞在者の場合はホスト寄りになっていくので，支援者はその導入役となることがより期待されるでしょう。

　個人において，所属集団の文化が一様に表現されているとは限りません。個人が所属集団の規範をどう実践するかは，個人の選択です。個人と文化の関係は，３層モデルが基本という説明を思い出してください。同じ宗教の人でも，様々な実践の仕方があります。その意味では，聞いてみないと詳しく分からないことがあります。宗教のことを聞いては失礼だと思って聞かないとか，みんなと違ったら気にするだろうと考えて，黙って察して処理しようと気をまわすのは，その人にとっては配慮の表れなのかもしれません。しかしムスリムの学生たちは，規範についてきちんと聞いて欲しいと思っている人が少なくありません。特に，親しい関係なら，聞いてみるのが最も分かりやすい方法です。

　文化的仲介者の役を任せてもらえるなら，必要なことを聞ける関係を作っておくこ

とがお互いのためになると思います。不安なことや知らないことは率直に聞いて教えてもらおう，と思える関係が築けたなら，ゲストもホストもより安心できます。尋ねてもいいことなのかどうかが気になる場合は，その心配も含めて尋ねてみることができます。本当にその人のことを考えて聞いている姿勢が伝われば，対話の糸口がつかめるでしょう。

（4）アメリカンソーシャルスキル学習課題

　最後に，最も難しい課題として，自分がゲストとなって外国に滞在する場合のことを考えてみましょう。社会文化的文脈が異なるのでその場の状況を想像するのが難しく，言葉が違うのでいっそうやりとりが難しく感じられます。

　アメリカに留学した場合を例に取りましょう。大学生の外国滞在には，しばしば留学という形態が使われます。最も多くの学生の行き先はアメリカです。現地で使われる英語は，多くの学生がよく学んできた言語です。社会や文化の情報も多く，親しみを感じることが多い国でしょう。しかしながら，具体的な交流の要領となると，どこまで分かっているでしょうか。ホフステードら（2013）の調査を見ると，日本との文化間距離が結構ありました。文化特異的な行動が分かって，使いこなせたら，役に立つこともあるでしょう。留学準備のために，そういう教育があったら受けてみたい人もいるのではないでしょうか。

　今回は，文化アシミレーターを使わずに，より直接的にソーシャル学習に入る方法を使ってみます。学習したい標的行動が含まれた課題場面があれば，そこからすぐにロールプレイをしてみるという方法です。スキルがたくさんあるとき，次々と練習していくのに向いたやり方と言えます。

　以下では，アメリカ留学で必要になるソーシャルスキルをリスト化した，田中（1994）に出てくる例題を使ってみます。この書籍では 15 領域にわたるアメリカンソーシャルスキルのリストがあり，それらを使う場面と解説が出てきて，ダイアローグが載っています。実例をもとに，アメリカ留学に有用なソーシャルスキルが解説されており，文化的背景の説明と対応の方針や表現の例を知ることができます。この書籍自体は自習用ですが，今回は少し応用して，場面を素材にロールプレイをしてみましょう。以下では，「罰金なんて払いたくないのに」というケースの場面を，少しアレンジしてお伝えします。

　竜一さんは，アメリカの大学に留学しました。大学の寮に入っていたのですが，アナウンスがよく理解できず，休暇中の鍵の返却の仕方を間違えてしまい，寮から閉め出されてしまいました。中に入れてくださいと頼むと，20 ドルの罰金を請求されました。しぶしぶ払いながら，英語が下手ではだめだと自信をなくし，悲しいなと嘆きました。

　あなただったらどうしますか？簡単でいいのでどうすると思うかを，理由とともに書き留めてください。

〈WORKSHEET　7-7〉

1. あなただったら，どうしますか？

（　　　　　　　　　　　　　　　　　　　　　　　　　　　　　　　　　）

2. それはなぜですか？

(　　)

　さて，ここはアメリカです。この場面はアメリカの社会文化的文脈のもとにあります。どういう行動が期待されているのか，許容されているのか，考えてみましょう。竜一さんがこの事態を打開する術はあるのでしょうか。あるとしても，それは，日本人の常識の範囲では，なかなか思いつかないことかもしれません。

　アメリカは個人主義の度合いが高く，自主独立，独立自尊を大事にするようです。自分の権利のために立ち上がるのは自分だと考えています。個人の意見を明確に表明することが期待されています。多様な構成員がいるため，モラルとしての公正や正義を気にかけています。

　竜一さんは大学に入学を許された，学内の構成員です。言葉のハンディを持った居住者がいることは，その意味では周知であり，大学の環境の前提とみなされてもおかしくありません。大事なことならアナウンスするだけでなく，掲示などでも知らせてもらわないと，ハンディのある者にはフェアでないのでは，という言い分も考えられます。日本の感覚で考えると，言葉ができないのは自分が悪い，開き直るなど失礼だ，大学に文句を言うなんてにらまれるのでは，相手の機嫌を損じるのでは，と気後れや遠慮が生じるかもしれません。しかしここにはここの価値観と規範があり，常識があります。自分の意見をはっきり言うという行動が，日本よりも期待され実践されている社会です。日本人留学生は，アメリカでは「主張性」が日本より強いと感じることが多いようです。もちろん何をどう言ってもよいというわけではなく，理性的な態度で，お互いに自分の意見をきちんと述べ合うことが必要です。よく話し合うことで，より分かり合えて，より良い結論にたどり着くのではないかという思いが背景にあるので，できるだけ言葉にしようと努力しています。

　そのまま罰金を払おうと考える人もいるかもしれません。それが間違っているというわけではありませんが，この地の文化を考えた場合は，他の方法も選択肢に入ってきます。竜一さんは，自分の立場と意見を伝えて，もう少し主張，つまりassertionをしてみるという対処を考えてもよいでしょう。20ドルを免除されるかどうかは，話してみてのことになりますが，交渉の余地はあるでしょうし，少なくとも要望を伝えてみる権利はあります。落ちついて話せば，ひとまず聞いてもらえる可能性はあるでしょう。

　交渉に入る際には，まず自分の状況と立場を明確にしてください。そして理由をなるべく多く挙げながら，要望を述べてください。留学生で言葉のハンディがあること，お知らせがアナウンスだけだったこと，それを理解するのに困難のある学生もいること，掲示があるともっとよく分かること，この罰金はフェアでないと感じたこと，自分が規則違反をするのは今回が始めてなこと，今後は気を付けること，などが組み込めるでしょう。

　あなたがこの立場に立ったとしたら，という想定で主張の仕方を練習してみましょう。日頃の自分の感覚に馴染まない，発想にないことかもしれませんので，それをやろうとするのは難しいことだと思います。相手もその役をしているだけで本物ではないので，やりにくいかもしれません。でも今は教室なのです。試してみる機会です。演じてみることで実感がわいたり，感覚がつかめたりしてきます。むしろお試しの機

会があって幸いといえるかもしれません。いきなり本番になって，本物の人を相手に実行するほうが大変です。ここならいきなり本番にはならず，試行という了解のもとで，お試しをしてみることが可能です。

　まずは，主役の竜一さんと相手役のみの簡単な構成にしてみましょう。演技の準備としては，他のスキル学習と同じように，思いつくことのメモをつくってからのほうが，やりやすくなると思います。それでは方針を立てて，取るべき行動をイメージして，要点のメモをつくることから始めてください。織り込みたい内容を，完全な文章でなくてよいので，単語や要点のみ，箇条書きで書き留めてください。

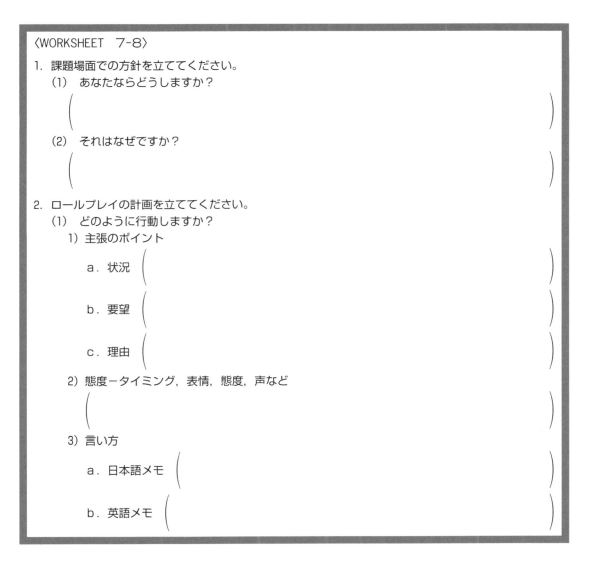

　では，主役の竜一君と，相手役の寮の係の人の役を立てて，ロールプレイをしてみます。5人程度でグループを組む場合，主役と相手役は必須で，他の3人は観察役でよいでしょう。グループ内で順番に役割を交代していってください。

　語学の授業ではないので，言葉の間違いへの減点などは一切ありません。心理学なので，伝えたいことを伝えようとしたか，どこまで伝わったかが大事です。内容自体

と態度の選択に注意を向けてください。言語表現は，今自分が使える範囲の英語でできれば結構です。大学生レベルの英語力なら，何も言えないということはまずないと思います。単語の羅列になっても，とにかく言えることを言いましょう。つまり手持ちのカードをどう使いこなすか，というところが努力すべきポイントです。

　ではロールプレイをやってみます。毎回，演技が終わるごとに拍手でねぎらってください。演技者は互いの感じたことを述べ，観察者からコメントをもらいましょう。けなすことなく，できたことに注目し，良いところを探してください。ロールプレイは最小限2回，時間のある限り何回でもお試しください。

　その後で，各グループのベストプレイを選び，理由とともに紹介してください。他のグループの演技も見ていきましょう。以下にワークシートを示します。

〈WORKSHEET 7-9〉

1. 自分の演技を振り返えってください。
　(1)　1回目
　　　1) 主役として，どのくらいうまくできましたか？
　　　　①大変うまい　②うまい　③まあまあ　④うまくない
　　　2) 主役として，次はどうしたらよいと思いますか？

　　　　(　　　　　　　　　　　　　　　　　　　　　　　　　　　　　　　　)

　(2)　2回目
　　　1) 主役として，どのくらいうまくできましたか？
　　　　①大変うまい　②うまい　③まあまあ　④うまくない
　　　2) 1回目と2回目では，あなたの「行動」はどこか違いましたか？

　　　　(　　　　　　　　　　　　　　　　　　　　　　　　　　　　　　　　)

　　　3) 1回目と2回目では，あなたの「気持ち」は何か違いましたか？

　　　　(　　　　　　　　　　　　　　　　　　　　　　　　　　　　　　　　)

　　　4) 主役として，次はどうしたらよいと思いますか？

　　　　(　　　　　　　　　　　　　　　　　　　　　　　　　　　　　　　　)

　(3)　自分のグループのベストプレイと，その理由は？

　　　(　　　　　　　　　　　　　　　　　　　　　　　　　　　　　　　　)

　(4)　他のグループのベストプレイを見ての感想は？

　　　(　　　　　　　　　　　　　　　　　　　　　　　　　　　　　　　　)

　(5)　ソーシャルスキル実習をやってみて，どうでしたか？

　　　(　　　　　　　　　　　　　　　　　　　　　　　　　　　　　　　　)

　(6)　実際に機会があったら，どうしたいと思いますか？

　　　(　　　　　　　　　　　　　　　　　　　　　　　　　　　　　　　　)

〈GROUP WORKSHEET　7-10〉

　グループ番号（　　）メンバー（　　　　　　　　　　　　　　　　　　）
1. グループでは，どのような演技がありましたか。
　（　　　　　　　　　　　　　　　　　　　　　　　　　　　　　　　　　）

2. グループのベストプレイと，その理由は？
　（　　　　　　　　　　　　　　　　　　　　　　　　　　　　　　　　　）

(5) まとめ

　アメリカンソーシャルスキル学習で，最も注目されることが多く，かつニーズも大きいのはおそらく主張性でしょう。そのためここで取り上げましたが，他にも誘い方，お礼，謝罪，交渉，励まし，ジョークなど，アメリカ文化はまだまだ興味深い文化行動があります。いろいろな場面を試してください。出発前に予習しておくことで，渡航後により落ち着いて行動できるようになるでしょう。

　今回の5人程度のグループは，通常授業でグループを分割して学ぶのに向いています。時間がなければ繰り返しや振り返りを省略して，1回のみの簡便なお試し経験として使うことも可能です。やらねばならない手続きは多くはありません。場面設定を伝えて演じてもらうだけでも，アイディアを発表してもらうだけでも，部分的な学習はできます。

　ロールプレイを使った練習に慣れていて，たくさんの場面をこなしていきたい場合は，2人組にして主役と相手役の交代をしながら，いくつものスキルを扱っていくという，より効率的な方法も考えられます。あるいは15人位までの人数だったら，全員の演技を順番に見ていくという念入りな方法も考えられます。人数が増えればモデルが増えていろいろな例がみられますが，時間もかかるので，じっくり取り組みたいときに向いています。なお留学経験者やネイティブに相手役をしてもらえたら，リアリティが高まるのでお勧めです。英語使用に戸惑いが大きい場合は，まずは日本語で言ってみる段階を挟むのも一案です。

　ネイティブの補助役がいれば理想的です。見本の演技をしてもらったり，複数のパターンを示してもらったり，表現の助言をもらったり，演技へのコメントをしてもらったり，応用的な質問に答えの例をもらったりできるのは助かります。ロールプレイの設定に合わせて，ネイティブの登場する場面を録画しておき，止めた場面の先を演じるというやり方も，現実感を高める工夫といえます。見本の演技を録画してモデリングに使う，質疑応答集を用意して参考にしてもらうなどは，学びの範囲を広げるのに役立ちます。

　日本人と外国人の登場する場面設定でロールプレイを行うときには，自分とは異なる属性を演じることに，現実味が希薄と感じるかもしれません。しかし模擬場面での練習ですから，想定をもとに演技を試してみてください。完全に演じなければならないというわけではありません。相手がいた方がやりやすいということだけでなく，自分とは異なる属性の役をやってみることで，相手の気持ちを想像したり立場を考えたりする機会になるという効用もあります。想像力だけで自分とは異なる立場に立つのは難しいことかもしれませんが，仮にその役を演じてみるということくらいなら，で

きるのではないでしょうか。できる範囲で，少しずつつかめていくものがあれば結構です。

　　現地に行ったら，まずはまわりをよく観察してください。できればホストの友人にも相談しながら，その社会文化的文脈での標準を把握するようにしてください。次第に行動の基準が分かってきたら，興味のある範囲で少しずつ実践していくとよいでしょう。日本人がホストで外国人がゲストだった時と同じで，実際は聞いてみないと分からないことも多いと思われます。文化行動について聞ける人を持ちましょう。文化的仲介者の意義が，現地では強く実感されることでしょう。

　　異文化圏では，行動の基準が違っても不思議ではありません。価値観を理解し，パターンを知り，誤解なく理解できるように努め，そして自分も使ってみようと思う部分があれば一緒にやってみましょう。そして反応を見て，また調整してください。一方で，母文化の行動を維持した場合のインパクトを心得ておき，現実的に行動を選択してください。準拠する文化文法が異なれば，文化行動の意識的な切り替えが必要なことがあります。行動レパートリーが増えることで，行動選択の自由は増します。異文化間ソーシャルスキルの学習が進むことによって，より行動の自由を手にすることが期待されます。

〈WORKSHEET　7-11〉

　学びによる変化を把握するために，異文化に関する認識を振り返ってみてください。
【授業の後に】
1. あなたは，次の 1 (1)〜2 (10)のように思いますか？
　　①まったくそう思う，②少しそう思う，③どちらともいえない，④あまりそう思わない，⑤まったくそう思わない
　　のうちから 1 つを選んで答えてください。
　　(1)　ムスリム文化
　　　1) ムスリム文化の特徴に，うまく対応する方法が具体的に分かっている。(　　)
　　　2) ムスリム文化でトラブルを避けるために必要な，実生活上の態度が分かっている。(　　)
　　　3) ムスリム文化独特のやり方を，自分も一部使いこなせる。(　　)
　　　4) ムスリム文化の考え方を的確に理解して，戸惑わずに適切な対応ができる。(　　)
　　　5) ムスリム文化を持った人と，どうすれば誤解を避けて分かり合っていけるか，その方法を具体的な行動レベルで理解できている。(　　)
　　　6) ムスリム文化の文化的特徴に関わる対応の仕方が，会得できている。(　　)
　　　7) 大学内に限らず地域でも，たくさんのムスリムの人と交流したい。(　　)
　　　8) ムスリムの人とうまく交流できる自信がある。(　　)
　　　9) 私にとって，ムスリムの人との交流は難しい。(　　)
　　　10) ムスリムの人ともっと深くつき合いたい。(　　)
　　(2)　アメリカ文化
　　　1) アメリカ文化の特徴に，うまく対応する方法が具体的に分かっている。(　　)
　　　2) アメリカ文化でトラブルを避けるために必要な，実生活上の態度が分かっている。(　　)
　　　3) アメリカ文化独特のやり方を，自分も一部使いこなせる。(　　)
　　　4) アメリカ文化の考え方を的確に理解して，戸惑わずに適切な対応ができる。(　　)
　　　5) アメリカ文化を持った人と，どうすれば誤解を避けて分かり合っていけるか，その方法を具体的な行動レベルで理解できている。(　　)
　　　6) アメリカ文化の文化的特徴に関わる対応の仕方が，会得できている。(　　)
　　　7) 大学内に限らず地域でも，たくさんのアメリカ人と交流したい。(　　)

8）アメリカ人とうまく交流できる自信がある。（　　）

9）私にとって，アメリカ人との交流は難しい。（　　）

10）アメリカ人ともっと深くつき合いたい。（　　）

2. 上記の(1)から(4)のうち，この授業前と比べて，後の方がいっそう強く「そう思う」ものがあれば，項目番号に○を付けてください。

3. 授業の後に：この授業から，どういうことを学べたと思いますか？

8.　総　括

AUC-GS学習モデルの6セルの狙いと主なコンテンツ，エクササイズをみながら，今回の学びを振り返ってみましょう。

AG・異文化の存在への気づき

認知地図課題

AS・自文化を含む特定文化の存在と影響への気づき

言葉分類課題，ホフステードの価値観調査，移動想定課題，組織葛藤課題

UG・異文化接触一般現象の知識と理解

異文化適応の理論，異文化滞在者の困難，伝達課題，適応過程分析課題，ストーリー創作課題

US・特定文化における適応・不適応現象や特定文化自体の理解

人間理解の3層モデル，困難事例紹介課題，身近な異文化探索課題

CG・異文化接触一般に求められる対応の仕方の原則

ホスト版文化アシミレーター課題，ホストのソーシャルスキル課題

CS・特定文化の文化的特徴に関わる対応の仕方

文化学習としての異文化間ソーシャルスキル学習，文化的バランスポイント，在日ムスリム交流課題，アメリカンソーシャルスキル学習課題

「異文化接触の心理学」では，文化に関する気づき，理解，対処の段階の順に，文化一般，文化特定のレベルを扱ってきました。人間の心理現象としてみた異文化接触を，エクササイズを使いながら吟味してきました。人が文化の影響を受けていることを認識し，異文化との出会いにおいてどのような心理が生じるかを理解し，そして文化の邂逅場面での対処を想定して認知と行動にわたる対人行動の学習を試みました。

自分と相手のカラー，自分の所属集団と他集団のカラーは，出会いの機会があって始めて認識されることが少なくありません。個人間や集団間の関係も，出会いから始まります。目に見える違いは気づかれやすくても，その先にある価値観など，ものの見方や考え方はなかなか可視化されません。集団ごとのそこのカラーがあり，見えざるそれらが人の心を動かしているというイメージは，異文化との出会いを契機に，気づきを得ていくものといえそうです。

エクササイズは，疑似体験による学習の機会となります。模擬的な経験から得た認識を重ねていくことで，少しずつ気づきが蓄積され，現実と結び付けていく作業を経て，文化と心の繋がりへの考えが豊かになっていくと思います。今回使ったエクササイズは，現実の現象をヒントにしています。投影法，ソーシャルスキル学習，シミュレーションゲーム，文化アシミレーターなど，心理学で使われる手法や，心理学者が開発に関わってきた方法などを応用しています。

今回の経験から得た気づきと実感を出発点に，実践への意欲を活かして，確かな歩みに繋げていって欲しいと思います。出会いの場で実践経験を積み，経験をまた吟味して自らの知恵とし，さらに体験を広げていってください。世界はとても広く，世界の人との関わりには限りない可能性があると思います。

最後に，まとめのワークシートを付けておきます。今回の学びを振り返り，明日への第一歩を刻んでください。

〈WORKSHEET 8-1〉

　授業全体についてお尋ねします。初回から今回までの授業を振り返ってください。

1. あなたにとって最も興味深かったのはどの回の内容ですか？

2. 上記の回が最も興味深かったのは，なぜですか？

3. あなたは，この授業全体で何を学びましたか？

4. この授業全体で学んだことを，今後どう使おうと思いますか？

第Ⅱ部 教育篇
AUC-GS学習モデルによる教育の展開

第1章
総括と発展のための課題の活用

エクササイズに基づく学習を一通り行った後で，教育活動として最終的な期末試験や期末レポートが設定されることがあります。本章では，学習の総括と発展のために期末課題を設定して，学びに活用する方法を考えます。その中で，様々な対象者に向いた適用を具体的に述べていきます。

この章では教育者向けの情報提供に軸足を置き，期末課題例を示し，運用の方法とアレンジの方法を考えます。基本的な確認のための課題だけでなく，卒業研究に携わる上級生や大学院生に適した，研究展開を促す課題についても取り上げます。異文化接触の研究に関心のある研究者にとっては，その手がかりが得られる課題ともなります。また異文化接触のフィールドを持っている人には，現場での応用に向けた道筋や発想を考える課題を使うことで，業務との繋がりが付けやすくなるでしょう。期末課題は，いろいろな意味で活用できます。

下級生の基礎的な講義では基本事項の理解を確認する試験がよく使われますが，上級になるほど，また応用力を重視するほど，記述式で，学習者の理解と認識を問う形式が多くなると思います。記述形式の場合，短いコメントから長い論述のレポートまで自在な設定が可能です。以下では，学習者の自由な発想を促す意図から，基本的に自由記述式の課題設定例を紹介していきます。素材にする資料は，焦点の当て方次第で自由に変えていただいて構いません。これまで使ってきた課題の中から，学生の興味深い反応が期待できる例を，使いやすい形で紹介していきたいと思います。

1. 総括の問い

本講義で学んだことから，自分の学習，活動，探究との接点を考えてみてください。
　1. この授業で何を学びましたか。2. その学びを今後どう生かせると思いますか。

各セルでも学びの認識や活用について尋ねてきましたが，期末に改めて聞くことで，全体から得たものを確認する問いになります。自由記述を求め，自発的な着想や学びの浸透の仕方を見るとよいでしょう。それまでぼんやりしていたとしても，具体的に考える機会を設けることで，思考の展開の道筋を意識することになります。一定の時間を確保して，よく考えて欲しい問いです。

1つ目の問い，本人にとっての学びの認識は，学習者に何を残すことができたのかが反映されます。それぞれの気づきや成長が把握される問いであり，教育者にとっては授業効果を知る手がかりでもあります。

2つ目の問いは，学習者それぞれの立場に合わせて，現実への活用を考えてもらう

問いです。社会人の場合には，職業生活との接点をイメージして，応用可能性を探してもらうことに繋がります。教養教育など下級生の授業の場合は，異文化接触体験との接点をすぐには思い描けないかもしれませんが，これは関心を現実に向けるための問いでもあります。日常生活での他者理解や将来的な可能性など，どこかに今日の学びと実生活との接点を見出していただければと思います。

2.　AUC-GS 学習モデルの説明

AUC-GS 学習モデルについて，その考え方と枠組みを述べ，教育の具体例を挙げながら説明してください。

　　モデルの説明を求める設問です。まとめの確認として，論述問題やレポートに向いた問いです。字数制限を短く取れば，全体像の概略のみを述べるのに適していますし，字数制限なしにすれば，例を挙げながらの行き届いた記述を求められる問いです。表をつくってモデルを説明してもらうようにすれば，図解としての理解を確認できます。

　　何のためのモデルかということが説明できて，2次元の6セル構造であることが表現できて，それぞれの次元とセルの名称を挙げて内容を的確に解説できることを採点の基準にすれば，基本が確認できるでしょう。実例を挙げた回答では，その意味づけや意図が的確に書き込めたかどうかをみます。エクササイズの部分的な印象を挙げる回答も出てくることがありますが，学習としては，何のために何をやったのかという狙いの理解が望まれます。

　　セルと説明を結び付ける選択肢形式で尋ねたり，穴埋めで答えてもらったり，セルを挙げて用語の説明として質問したりするなら，より単純な試験問題になります。

3.　オリジナルエクササイズの考案

AUC-GS 学習モデルに即して，あなた自身が考えるアクティビティの例を，すべてのセルについて挙げてください。授業で経験したものとは違うものを，自由に考案してください。

　　モデルのコンセプトが理解できた人には，自分でもエクササイズを考えてみてくださいと尋ねてみたいと思います。回答形式は論述問題として概略を答えてもらっても，レポートにして詳しく書いてもらってもよいでしょう。オンライン形式であれば，アンケート欄や小テストの記述欄に打ち込みを求めたり，ファイル提出を求めたりすることができます。

　　この課題は，初回に予告しておくという使い方でもよいと思います。最終回までに，自分でも考えながらエクササイズに参加してもらう，ということで，エクササイズについてより深く吟味できるかもしれません。求める回答量としては，どのセルでもよいので少なくとも1つを選んで答えてください，としてもいいですし，あなたの好きなセルを1つ選んで答えてください，などとすれば，より負担の軽い問いになります。

　　セルの想定とは必ずしも対応していない案や，実施には無理のある発想も出てくるかもしれませんが，少し変えたら実用になりそうな，面白いアイディアも出てきます。

この問いは完成度を問うより，自分も考えてみるということに意味があると思います。特に教育に関わる職業を志望する学生には，その練習に繋がる問いです。いずれ異文化接触の教育側に立ったときに，次々と工夫を加えていけるとよいのではないかと思います。

4.　実証研究をもとにした考察

> 次の論文をもとに，日本人学生と留学生の対人関係形成を進めるにはどうしたらよいか考えてください。
> 論文例）【田中　共子（2003）．日本人学生と留学生の対人関係形成の困難に関する原因認知の比較　学生相談研究, *24*(1)，41-51.】

　異文化接触を研究主題として捉えていく問いです。異文化接触を取り上げた実証的研究のデータを素材に，現実における対策を尋ねます。データから問題の構造を読み取り，問題解決に活かす発想を試してもらいます。この問いに限らず，使う論文は，問いのねらいに適したものであれば何でも構いませんが，上記は比較的分かりやすい分析の調査研究なので，少し解説を付ければ下級生でも理解しやすいと思います。

　上記の論文では，日本人学生と留学生の双方に，相互の関係性形成の困難の原因認知を尋ねています。先行研究をもとに 7 種類 14 項目の対になる質問をして，両集団の答え方を対比的に検討しています。例えば，「留学生は日本語が不得手だから」と「日本人は外国語が不得手だから」はそれぞれの語学要因に関する問いです。この 2 つの質問項目に対して評定法で回答を求め，留学生側の回答と日本人側の回答を見比べていきます。集団内における対項目間の答え方の差も，算出していきます。ほかに「日本の／外国のソーシャルスキルを知らないから」（ソーシャルスキル），「日本の／外国の社会の知識がないから」（社会知識），「日本人に／留学生に関心がないから」（関心），「日本人が／外国人が苦手だから」（苦手感情）などの対項目が用意されています。

　興味深いのは，2 集団を比較していくと，原因認知にギャップが見出されていくことです。日本人学生は語学力を理由に遠慮がちですが，留学生はまた別のことを考えています。ソーシャルスキルが足りないことが，双方の課題になっています。これを見て，実際取り得る対策をいろいろと考えてみるのは興味深い試みです。ソーシャルスキルに注目して，AUC-GS 学習モデルとの連結を見出すのも一案です。

5.　実証研究の構想

> 次の論文をもとに，実証研究を構想してください。
> 論文例）【田中　共子（2010）．異文化適応とソーシャルスキル　日本語教育, *146*，61-75.】

　次の研究構想を考える問いです。上記は，日本語教育の研究者向けに書かれた展望論文です。ソーシャルスキルが異文化適応においてどのような役割を果たすか，実証研究をもとに論じています。背景にあるのは，異文化適応のスキル-サポート促進仮説です。滞在先の異文化圏において，異文化間ソーシャルスキルを獲得すれば，ソー

シャルサポートが得やすくなるので，異文化適応に資するとみる仮説です。ソーシャルサポートとは，周囲の人からの有形無形の支援を指します。これが得られると，ストレスからの心理的な緩衝材になることが知られています。ソーシャルスキルは人付き合いの要領であり，学習可能な社会的技能です。こうして人の社会性に注目し，そこを支援することで社会文化的適応を促していく，という発想です。

　発表媒体が「日本語教育」なので，これは語学教育の第一線にある読者に向けて，ソーシャルスキルの観点から適応を眺めてみようというメッセージになっています。語学力は，相手に伝えたいことを伝わる形で伝えられると，対人関係形成に影響力を発揮し始めます。しかし文化が違えば常識の枠組みや期待のありようが異なり，同文化圏で慣れてきたやり方は必ずしも踏襲されません。語彙や文法が分かっても，人付き合いの流儀など文化文法の詳細の全容はなかなか見えてこないのが，難しいところです。

　語学の習得とソーシャルスキルの関係を考えたり，語学力をソーシャルスキルに変換する方法を探したりするのは，興味深い発想です。その発想を実証研究で確かめてみようというのが，この問いです。研究のアイディアづくりに向けた，応用的な発想を磨く課題と言えます。学部上級生や大学院生であれば，サンプリングや分析を含めて，研究デザインを考案してみるとよいでしょう。学部下級生の場合は，調べ方の具体論までは書かなくても，もっと知りたいことや，自分が調べてみたいことの候補を挙げたり，関心があるところを見つけ出したりする機会にしてください。次に何を研究してみたいかを考えることは，将来の探究活動に繋がる問いかけになります。

6. 後続研究への発展

次の論文を読み，次に続く研究を考えてください。取り挙げていない面や未解明な点を調べる，測定の条件を変えて測定する，残された課題を解決する計画を立てる，もっと詳しく調べて結果をより詳細化する，新たにわいてきた疑問に答える研究を行うなど，何からの発展的な展開を考えてみてください。
論文例】【田中 共子・畠中 香織・奥西 有理 (2011). 日本人学生が在日留学生の友人に期待する行動：異文化間ソーシャル・スキルの実践による異文化間対人関係形成への示唆 多文化関係学, 8, 35-54.】
J-STAGE:
〈https://www.jstage.jst.go.jp/article/jsmrejournal/8/0/8_KJ00008641663/_article/-char/ja/〉

　これは大学院生や研究者向けの課題です。一般に論文は一定のまとまりのある報告の形を取っていますが，研究自体は1回で完結するものではありません。むしろ研究上の問いは連続しているのが常です。1本の論文があったら，その後続研究がいろいろと考えられます。残された課題を解くもの，はっきりしなかった部分を確認するもの，別の条件を追加するもの，対象を少し変えてみるもの，測定方法を取り替えたもの，新たに沸いた疑問に答えるものなど，気になった部分を探究したり解決したりする試みが，研究をさらに進めていきます。こうして異文化接触の研究も，数限りなく構想できます。この課題は，明日の研究者に，次の一歩を自由に考えてもらうことをそのねらいとしています。

　上記の論文の内容は，日本人学生が，留学生の友人に対してどのような文化行動をどこまで期待しているかという，ソーシャルスキルの実施への期待を調べたものです。授業で一緒に学ぶ場面，仲良しグループの場面，サークル活動の場面を取り上げてい

ます。３つの調査を通じて，何を期待するかが少しずつ詳細化され具体化されていきます。結果を見ると，関係次第，場面次第で行動への期待は違いました。場合によっては，異質さを伴う行動への肯定的な評価すら見られました。

　身近な話題なので，例えば測定の内容や方法にしても，いろいろと工夫できるでしょう。次に何を調べるか，というバリエーションを考案してみてほしいと思います。自分だったらどのような場面について，どのような物差しで，何を調べてみたいでしょうか。対象者の条件をもっと絞ってみたり，別の観点でグループ化して比較したりすることもできますし，条件の追加，対象の変更，測定の代替案なども，比較的思いつきやすいと思います。研究論文を読んで，関心を持った点をさらに追求していくのは，研究ではよくあることです。敢えて別の角度から切り込んだりすることもあります。研究論文という資料は，自分の次の研究への素材になるものです。研究者ならいろいろと考えてみるだけでも，面白い試みだと感じるでしょう。

7. その他の論文資料

　ほかにも筆者の関わった研究の中から，課題に使うと興味深いと思われる論文をいくつか紹介しておきますので，参考になさってください。筆者自身が携わった論文であれば説明がしやすいので挙げていますが，これらを例に，それぞれの教育実践者が課題に向いた論考を自由に選択していただいてよいと思います。

　論文を課題に利用するときは，読んで要点をまとめるという整理型のレポートが最も簡単な使い方です。しかし先の例のように，後続研究を考える素材にするとか，論文が問いかけている問題や課題の指摘を元に，対応策などをディスカッションするといった使い方もできます。論文を教材に，様々な問いを投げかけるのを楽しんでください。

論文例）【奥西　有理・田中　共子（2009）．多文化環境下における日本人大学生の異文化葛藤への対応――　AUC-GS 学習モデルに基づく類型の探索――　多文化関係学，*6*，53-68.】
J-STAGE:
〈https://www.jstage.jst.go.jp/article/jsmrejournal/6/0/6_KJ00008933827/_article/-char/ja/〉

　上記は，現実の大学生の異文化接触体験に対して，AUC-GS 学習モデルを当てはめて説明してみた研究です。このモデルはもともと教室場面での教育枠組みとしてつくられたものですが，それは自然発生した現象を説明できるでしょうか。面接調査が行われ，日本人の大学生による異文化葛藤の捉え方と対処が調べられました。そこからホストとしての対応のスタイルが分類されていきます。事例の当てはまりを解釈しながら，このモデルの概念的な有効性を探っていく研究です。

　学習者は，自分自身の異文化接触体験についても，このモデルがどう当てはまるのかを考えてみることができます。タイプ分けを見て，実際にありそうな例をイメージするにも役に立つでしょう。これはホスト教育にも示唆的な論考です。異文化間の交流を組織する立場にある方には，一度みておいていただきたい知見だと思います。

論文例）【Tanaka, T., & Okunishi, Y.（2016）. Social skills use of international students

in Japan. *Japanese Psychological Research, 58*(1), 54–70.】
Okayama University リポジトリよりリンク:
⟨https://onlinelibrary.wiley.com/doi/full/10.1111/jpr.12097⟩

　　上記の論文は，英語で書かれているので，留学生を対象とした授業の際に，英語に
よる資料として使えます。在日留学生が使用するソーシャルスキルを，母国での行動
レパートリーとの対応関係から分類し，整理しています。在日留学生向けの異文化間
ソーシャルスキル学習において，学習のターゲットを選ぶのに，このスキルリストが
使えるでしょう。調査結果をもとに，挨拶，呼称，遠慮，謙遜，集団行動，飲酒規範
などが呈示されていますが，留学生が興味を覚えて少しずつ取り入れていく行動も，
結局距離を置く行動もあります。

　　ソーシャルスキルの一覧は，どのような行動が日本と異なるのかを考える際に役立
ちます。挙げられている文化行動は，日本の社会文化的文脈の中で使われるものです。
しかし留学生の出身文化圏では，それぞれにまた別のやり方があります。それらを紹
介し合うのも面白い試みです。文化圏によって異なるやり方を，多様な学習者が互い
に紹介し合うきっかけとして使えます。また，挙げられているような日本の文化行動
をどう受け止めたか，という体験を語り合う素材にすることもできます。多文化への
複眼的な視点を共有しそれぞれの文化差を尊重する主旨で，日本人学生との混合クラ
スでもこれらをやってみて欲しいと思います。

第 2 章
教育実践のバリエーション

　この章では，AUC-GS 学習モデルを用いた授業実践について取り上げます。教育者にとっては，現実的な授業等の実践例として実施の参考になるでしょう。異文化間教育の研究者やその研究に関心のある大学院生にとっては，具体的な教育実践や介入実践の研究例としてみていただけるでしょう。

　AUC-GS 学習モデルの適用対象とその形態は広く捉えることができます。以下では，このモデルを使った多様な教育実践に焦点を当て，その工夫や要領を述べていきます。そして実践に伴って，学習者から得られた反応をみていきます。ここから，さらなる教育実践の展開や効果検証の手がかりを提供できれば幸いです。

　授業はライブの活動であり，工夫は様々に可能です。今回の教育は知識に閉じない教育を目指していますので，一方向の講義のみならず参加型のエクササイズを取り入れ，振り返りで自分の認知・感情・行動を確認する過程を重ねていく形を取ります。自己チェック方式を使う際には，事後チェックだけで構成することもできますが，前後チェックのリストを使って変化を自覚してもらう使い方もできます。討論と発表は，参加型の活動の中心になる営みです。学習者は，自分とは異なる視点を発見したり，多様性を実感したり，アイディアを共有したり，発想を重ねて考察を進めたりしていきます。

　能動的な授業に慣れている受講生ばかりではないので，効率的な進行や効果的な参加を促すには，多少の仕掛けを加えた方がやりやすいでしょう。ときには，想定した方法が使えなくなったとき用に，代替方法を想定しておくことも必要です。例えば時間が足りなくなった場合など，状況に応じて柔軟に代替できるやり方を考えておくと役に立ちます。

1. 対象者のバリエーション

　授業の対象者にあわせた実践の展開を考えてみましょう。対象の想定としては，大きく分けて学部，大学院，社会人が考えられます。

(1) 学部教養教育
　学部教育の中でも，大学初年次を中心とした教養教育では，専門分野や予備知識を問わず，一般的な異文化接触の心理学の紹介に力点を置くとよいでしょう。身近な異文化接触の機会を持ったことがある学生ばかりでは，ないかもしれません。その意味では，異文化接触の予習としての意味合いが強くなります。この場合の難しさは，現実味の希薄さにあります。外国人と出会ったことがないとか，見かけたことがあるだけ，挨拶以上のふれあいをしたことがない，という学習者はまだめずらしくありません。

　この場合，同世代の事例や大学生の体験など，現実味の感じられる例や設定を使っていくことが勧められます。現実味がないときに理想や理念だけで考えてしまうと，人はみな同じだと単純化したり，違いなどたいしたことはないと矮小化したり，差別も偏見も無縁とか，そもそも外国人に興味がないとか，自分とは関係がないとみなしてしまうなどの場合がありえます。エクササイズの振り返りを丁寧にして，より自らに引きつけていけるよう，身近な話題を使って丁寧に運ぶのがよいと思います。

　学内に少なからず留学生が在籍している大学は，たくさんあります。大学生としての活動半径の広がりから，例えばバイト先で外国人の従業員に出会うこともあるでしょう。下宿生となって，地域に暮らす外国出身の住民に出会うことも珍しくないでしょう。予備知識なしに始まる異文化接触は，彼らの実生活において少なからぬ混乱をもたらす可能性があります。異文化接触の理解枠組みを持ち，心の準備をしておくことは，現実場面への対処の姿勢を整えることになります。国際的流動性が一層高まる現代社会に暮らす市民の一般的な教養として，異文化接触の心理学をごく自然に心得ておけるよう願っています。

　留学を希望する学生には，留学準備教育としての活用が考えられます。彼らは入学してまもなく，何年生の時にどのくらい留学するか，計画を立て始めます。教養教育で異文化接触について学んでおくことができれば，次年度くらいから実行される留学に役立てることができます。帰国後に学んで心の整理に使うことも可能ですが，できれば事前に学んでおくことを勧めたいと思います。帰国後は，自身の再適応に役立てたり，外国人留学生の支援に役立てたりできるでしょう。後輩の留学に支援的に関わることも考えられます。将来教壇に立つなどで留学支援の立場をとる可能性がある人には特に学んでおいてほしいと思います。

　心理学では，人の心理をありのまま把握しようとします。本音を直視したうえで，認知と行動と感情の動きをみつめていきます。こうして自然に沸き起こる心の現象の法則性をつかみ，そのコントロールに役立てようとします。国際交流ではこうするべきだなどの教条主義的な「べき論」超えて，心の動きを俯瞰するまなざしがそこには生まれます。これが人間への共感的な理解に繋がるのではないかと思っています。

　常設授業としての時間設定は，一枠が50分，60分，75分，90分，100分など多様だと思います。1コマものの場合も2コマ続きの場合もあるようです。回数も7回や8回，15回や16回など大学によって様々です。使える時間に合わせて，エクササイズのボリュームを選択し，討論や振り返りに費やす項目や時間を調整してください。筆者の場合は，90分×15回や50分×2コマ×7回などがありました。参加型の授業はかなり時間がかかることを前提に，時には振り返りを宿題にまわす，共有を電子的なフォーラムに託すなど工夫して，様子を見つつ作業内容を加減することになると思います。

(2) 学部専門教育

　学部レベルの専門科目となる学部教育の場合は，心理学としての視点を強調していくことになるでしょう。心理学の研究対象として，異文化接触は興味深い現象です。心理学の眼を使って文化が関わる心理現象を把握し解釈し，心理的反応を解読するまなざしを養うことに力点を置きます。

　心理学を専門にする学生には，心理現象に文化の目を導入してもらうことが大事です。心理学の研究では，かつては文化といえばマイナー領域でしたが，いまは社会・文化というカテゴリで捉えられることも多く，社会に関する主題の一部として認めら

れています。世界は均一ではなく，心理現象はユニバーサルではないという基本的理解が浸透しつつあります。過去に，心理学を発展させる主力となってきた西洋の視点一辺倒ではない，よりスタンスの広い心理学を構築していくことが必要だと思います。

このためには，AS セルに関わるコンテンツとして，本書でみたホフステード（2013）以外の調査や研究の紹介を追加していくとよいでしょう。差異を検出した個別の論文はたくさん出ていますが，書籍としてまとまったものとしては，比較文化心理学（シーガルら，1995）などを参照するのも一案です。

ただし心理学に閉じた分野として学ぶという意味ではありません。異文化性を視野に入れた学問は数多くありますが，そこに心理学の眼を加えることで，ものの見方に人の心の動きという面が加わり，多角化を図れます。例えば，異文化接触の心理学を学ぼうとする学習者が，日本語教師を目指していることがあります。彼らが身を立てようとしている分野を尊重しながら，その側面を固めていく学習として心理学を使ってもらうのはよい考えだと思います。財団法人日本国際教育支援協会による「日本語教育能力検定試験」には，異文化適応の問題が出題されています。このことは，異文化接触の最前線に立つ人にとって，この知識がいかに大事かを物語っています。

（3）大学院教育

大学院では，異文化接触の心理学を専門的に学ぶ学生に向けた授業になります。このレベルでは，この主題をディシプリンを伴う研究主題として捉え，次の研究展開の可能性を考えることに力点が置かれます。発展課題として，日本語や英語で書かれた研究論文を示し，それらを素材にした議論を進めることを楽しめるでしょう。研究のアイディアを形にして，学会発表や論文にまとめていけば，一定の研究成果に繋がっていきます。

今までのところ，文化を扱う心理学にはいくつかのサブカテゴリがあるように思われます。異文化接触における心理現象を扱っているのが，今回のような異文化間心理学です。また比較文化心理学といえば，文化圏ごとに異なる心理現象を比較して，特徴を描き出すことに力点を置いています。例えば日本と米国のやり方を対比する，日中米の現象を比較するなどです。そして文化心理学というと，文化という概念で捉えられてきた心理現象自体を，解体したり解釈したりすることに取り組む面があるように思います。それからうまく日本語になりにくい言葉なのですが，indigenous psychology があります。indigenous は民族や土着を意味する語ですが，ある集団に特徴的な心理現象を見出し，描出することを大事にします。例えば日本の「甘え」の研究なども，この視点から理解できます。世界は共通のものさしで測れることばかりではなく，それぞれの文化圏に独特の概念もあると考えます。

西欧起源の心理学は，西欧の発想でつくってきた枠組みで成り立ってきたため，そこに測定結果の違いや概念の違いなどを見出したり，他の発想を紹介し合ったりするのは，発見的な営みになります。西欧の心理学をもって心理学の主流と見なす認識はまだ根強いものの，多様な地域の研究とその発信が進んでいけば，既存理論の何がどこまでユニバーサルだったかが検討されていき，次第に人類にとっての心理学が見えてくるでしょう。

異文化接触現象は，文化的な差異との邂逅を扱います。AUC-GS 学習モデルで特定文化間の組み合わせが問われるのは，どことどこの組み合わせで何が起きるかということ自体が，相対的な差異が対象で個別性が高い事象であるためです。文化特定のレベルを用意したのは，そこを丁寧に見るためです。差異の存在を見据えていくこと

で，文化を扱う心理学全般と繋がっていくだろうと思います。

　異文化接触の心理の研究は，様々な学問とのかけ算が可能です。社会心理学や発達心理学など，各種心理学との重なりは多いのですが，他の学問分野とも積極的に接点を求めていくことで，かなり活用の可能性が広がる学際分野だと思います。例えば，応用言語学や語学教育との接点は，言語の習得や活用に興味深い知見を提供するでしょう。

　心理学以外の専門分野の大学院生が，研究レベルの討論に加わるのは興味深い試みです。心理学分野の研究論文を読んだうえで，自分の分野と重ね合わせて，この先何を調べてみたいかを考えてみるとよいでしょう。実施可能な規模のアイディアであれば，レポートや演習課題にしても面白いですし，それが独自性の高い卒論や修論，博論の素材になるかもしれません。このレベルの学習者には，心理学のアプローチを具体的に説明し，その視点を持つことが何を可能にするかを把握してもらうことが大事です。心理学の調査の方法とそれに基づく結果をよく説明し，人間の認知や行動のコントロールのための工夫を知ってもらうとよいでしょう。

　近年の大学院教育は，直線的に専門を突き詰めていくだけでなく，そこにリカレント機能を持たせることも少なくありません。実践的な学びや，視野を広げるための学びが期待される面があり，必ずしも研究志向ではなく，高度な教養としての側面も強調されます。留学生の多い大学院であれば，混合クラスも珍しくありません。構成員は多様ですが，少人数クラスが多いので，ニーズに合わせた運用がしやすい利点もあります。関心に合わせた教材選び，学習ニーズに合わせた解説，言語のハンディへの配慮など，応用色の強い教育が求められます。大学院に職業人が入学してくることは増えていますので，外国人ケア労働者の異文化適応研究のように，現場の問題に心理学を適用していく発想も期待できます。大学院での教育研究は，仕事を通じて抱いた問題意識をもとに，明日の実践を創り出す動きに直接繋がっていく面をもっています。

（4）社会人教育

　大学や大学院の正規課程の教育とは別に，より自由な社会人教育の場があります。例えば職場や職業団体の研修であったり，公民館の講座であったり，大学の公開講座であったりします。この場合は，AUC-GS 学習モデルのすべてをカバーする時間は取りにくいと思います。どこかに焦点を当てて，ポイント的に学ぶのが現実的でしょう。もし受講者がもっと学びたい，全容を知りたいと希望したなら，大学の授業の聴講生になったり，大学院に入学したりする方法もあると，案内しておくのがよいと思います。

　受講者は，主題への関心を機に，特別な時間をわざわざつくって受講しています。講義ごとに支払いが生じる有料講習もしばしばです。手応えを分かりやすくして，今日はこれが分かった，これを持って帰ることができる，というポイントが明確であることが望まれます。わざわざ来てよかったと思えるのは，そうした手応えが感じられたときでしょう。実践に関心を持つ受講者に向けては，具体的な手がかりや，実行の工夫など，学びから一歩を踏み出す具体性の呈示を心がけたいところです。受講者の発見目線に寄り添い，体験的なエクササイズをリズムよく運び，焦点を明確にしてその日の学びを総括できるとよいでしょう。

　社会での必要性に対して，異文化間教育の実践の場は限られています。社会人教育はその貴重な場であると思います。

2. 実施方法のバリエーション

(1) 討論の進行

　クラス討論が活発になれば，いろいろな意見に触れられて，自分の考えも深まり，集団で学ぶ利点が実感できるでしょう。討論に慣れた，積極的で能動的な学生が多い場合は，グループ討論やクラス討論は難しくありませんが，しかしシャイな学生が多かったり，不慣れや気後れがあったりすると，話し合いの成立は容易でないことがあります。指名して少しずつ意見を聞き出すことはできても，学生によってはプレッシャーを感じて堅くなったり，沈黙してしまったりします。そうなると進行がはかどらず，意見の交換というより順番に表明する域を出ず，討論とは呼び難くなります。このような懸念を払拭しようと思えば，段階的な討論の進行を試すのが効果的と思います（表2-1）。およその流れを説明していきます。

表2-1　討論の段階的進行

50人クラスで5人程度のグループ討論をする場合
・1，2，3，…10の番号を，端から順に言ってもらう。 ・11番目の人からは，また1，2，3，…10と言ってもらう。 ・クラスの全員が言うまで，数字を言っていくことを繰り返す。 ・1といった人たち5人を，グループ1とする。 ・2といった人，3といった人…を，それぞれグループ2，グループ3…とする。 ・5つのグループを順にコールし，挙手してもらって，自分の所属を確かめる。 ・最初に数字を言った人には，グループで司会をしてもらうと伝える。 ・2番目に数字を言った人には，書記になってもらうと伝える。 ・役割ができない事情があれば，3番目に数字を言った人に交代してよいと伝える。 ・黒板に図解して，グループごとに座る位置を指定する。 ・司会がリーダーとなって，グループごとに座ってもらう。 ・司会が指示を出し，話し合いを始める。 ・司会は各人の意見を尋ねたり，さらなる意見を促したりする。 ・書記は協議内容を確認し，記録する。 ・グループごとに，出てきた意見を書記が発表する。 ・教室全体で，意見を総括する。

　クラス全体の討論が難しい雰囲気であれば，より話しやすい少人数の集団を挟むとやりやすくなります。50人のクラスを例に取ります。1人ずつ，1から10の数字を着席者に，端から順に言ってもらいます。10まで言ったら次はまた，1から言ってもらいます。5回転分言ってもらったら，1といった人達5人で，1つのグループをつくります。2と言った人達も5人組になります。この調子で10グループができます。半端な数の場合は，例えば52人いれば，1から10の数字で分けて，5人グループが8つ，6人グループが2つになります。言った数字を使って，グループ1，グループ2……，とグループ名を付けます。

　次にグループ番号を1つずつコールして，手を挙げてもらい，自分がどのグループか確認します。自分の他に手を挙げた人のことも，見てもらいます。最初に1と言った人が司会で，2番目に1と言った人が書記だと伝え，グループメンバーに確認してもらいます。司会は，話し合いをスタートさせ，まとめるしきり役です。書記は，話し合いを記録し，グループ討論の結果を発表する時は，発表役を担います。ただし風邪で声が出ないなど，事情があれば3番目の人に交代してよいと伝えておきます。

　役割が分かったら，グループごとに集まってもらいます。スムーズな移動のために，各グループが座る場所を指定します。黒板に図を描き，窓際の前から1列目と2列目にグループ1が座る，などとして，すべてのグループに座る場所を割り当てます。図でよく説明し，理解を確認してから移動してもらいます。司会には，所定の場所に皆を集めて座ってもらうよう，かけ声をかけるリーダーの役回りをしてもらいます。

　指定してもその通りに座らず，恥ずかしがって，話し合いにくい距離に散らばって座ろうとしたり，睡眠や内職のために離れていようとしたりする参加者がいるかもしれません。話し合いを成立させるためには，学生任せにせず，教室を回って話し合いやすい形での着席を促していく必要が生じる場合があります。荷物をどの程度持って移動するか迷う人もいるので，状況に合わせて，ペンとノートのみ持って移動などと，声をかけるとよいでしょう。何回も授業がある場合は，番号を言い始める場所を変えていくとか，順番と役割の対応を変えていくなどすれば，役割の固定を避けられるでしょう。

　なお好きな人達と5人程度で集まってくださいなど，曖昧な指示をするとなかなか進まないかもしれません。また着席の配置を活かして，ここからここの人達で5人グループを，などと指定することもできますが，これにも欠点があります。仲良しグループが固まって座っていると，他の人が遠巻きのままになったり，話し合いに入りにくくなったりすることがあります。教室の後部に座りたがる人達で，消極的なグループをつくってしまった場合は，前の方のグループしか話し合っていない，ということもありえます。既知でない人達と組んで，まんべんなく話し合ってもらうためには，着席そのままではなくてランダムに組み合わせた方がよいようです。それでもスムーズな移動は結構難しいものなので，なるべく速やかに移動できるように，移動のための型をつくっておくことが勧められます。

　こうしてグループ討論を挟むことで，いきなりクラス全体で討論するよりは意見交換がしやすくなります。小集団のほうが，社会的圧力が減じて意見が出しやすくなります。その後で，クラス全体での総括に進めばよいでしょう。全体での意見集約の前段階として，全員が意見を表明しておく小集団の段階を置くことは，全員が意見の形成に参加しやすくなる方法といえます。

　グループ討論でも，やはり参加しにくいという学習者はいるかもしれません。自分の意見を言うということ自体に，気後れがある場合も考えられます。その場合は，さらにその前段階を設定することをお勧めします。本書では，この手順としてワークシート方式を使っています（表2-2）。

表2-2　ワークシートを使って討論する場合の手順

・全体に問いが呈示される。
・ワークシートに自分の考えをメモする。
・グループで話し合う。
・グループの意見を，グループワークシートに記録する。
・司会を決めておき，話し合いを進行してもらう。
・書記を決めておき，記録をとってもらう。

　最初に考えるための問いを挙げて，その答えを自分のノートに書いてもらいます。討論の準備なので，文章になっていなくても，メモやキーワード，箇条書きで構いません。その後，討論になったら，メモを見ながら発言してもらいます。要点が整理さ

れていれば，発言はしやすくなります。

　もし，しっかりとした文章で意見を書いておいてもらおうと思うなら，そのぶん筆記の時間がかかります。そのための時間を確保しておくことが必要です。その後にグループ討論をするとなれば，自分の書き物をグループ内で読み上げる形に近くはなりますが，十分に意見を言うことが難しい人には発言の助けになるでしょう。

　問いをワークシートにしておくことは，学習者にも講師にも利点のある方法です。問いが示されれば何を答えるのかを見通しやすくなりますし，メモを見れば自分の意見を見直しやすくなります。教室のペース管理もしやすくなります。ポートフォリオのような電子的な方法を使えば，フィードバックや設問の調整もしやすくなるでしょう。

　ただし進行させながら呈示したい問いがある場合は，問いの内容自体をあらかじめ書いておけないかもしれません。その場合は，問いの番号とスペースだけを確保しておき，その都度板書などで指示するとよいでしょう。

　司会役の学生がうまく皆の意見を引き出していくことができれば，話し合いは進めやすくなります。いろいろな人が司会や書記をすることで，やり方の例を見ていくことになります。授業の進行につれて，少しずつ要領を得ていくことが期待できるでしょう。

(2) 言語・文化の背景

　教育現場には多様な学習者がいます。特に異文化接触の心理学ですから，多様性が高いことは珍しくありません。混合クラスの場合を考えてみましょう。日本人と留学生がともに学ぶ場合のことです。ここでは媒介言語の問題が生じます。日本語と英語がある程度できる場合が多いので，これらを適宜使っていきます。両方使う場合は，参加者の語学レベルをみて，資料を両方で用意するか，片方で統一するかを選択します。片方しか使わない場合は，補助役のTAを配するなどして，支援体制をつくっておくのがよいでしょう。

　ここでは丁寧に意思疎通の努力を積み重ね，使える言語を駆使し，伝達に工夫を凝らし，時間と労力をかけて理解し合い，話し合いを成立させること自体が学びです。発表の時には，使える言語を使って話してもらい，そして単語でも片言でも構わないので，キーワードだけでも二言語で表現する努力をしてくださいと伝えます。話し合うときには，ゆっくり話すよう伝えます。筆談を取り入れたり，繰り返しを求めたり，確認をとったりする手間を想定内として，二言語を駆使しての意思疎通を練習してくださいと伝えます。電子機器のサポートも，必要に応じて認めます。対話に際しては，両言語が十分できる参加者に仲介役になってくれるよう頼み，承諾を得て仲介役を務めてもらえるのが望ましいと思います。こうした過程を実際に体験してもらうことで，この営みからの気づきや発見が得られ，達成感を持てるようになれば，それ自体がひとつの学びです。これを経験として実生活での応用に繋げていけるなら，望ましいことと思います。ただしこの方法には，かなり時間がかかりますので，相当余裕を見ておくことをお勧めします。

　文化的に多様性の高い集団の場合は，意見交換にも多様性が生じます。構成員自体が文化的に多様な場合，異文化の紹介や実例が得やすく，個人では思いつかなかった解釈や受け止め方に気づくなど，利点があります。ただし多様性の紹介に時間がかかり，討論の主題になかなか取りかかれない場合もあるようです。文化間の葛藤や，異文化への否定的な態度が制約をもたらす場合も考えられます。課題の意図と焦点を丁

寧に伝え，進行の様子に注意を払うことが必要です。逆に日本人のみの集団の場合は，多様性は限定的です。日頃の発想の枠外について想像力を持ち，資料を活用する努力が要ります。現実味のある事例を用意しておくとよいでしょう。TA や留学経験者，ネイティブの学習補助者に支援してもらうこともよい工夫です。

(3)　オンライン形態

　AUC-GS 学習モデルに基づく異文化間心理学の学びは，オンライン授業としての実施も可能です。紙の資料を配らなくても，資料配付を添付ファイルで配信し，画面共有で投影し，参照するサイトの URL を呈示しておけるのは便利です。振り返りや自己チェックにはアンケート機能，レポート提出には課題提出機能が使えますし，情報共有にはフォーラム機能も使えるでしょう。

　リアルタイムの討論を採り入れながら進める参加型の授業としては，双方向通信のできる同期型のオンライン授業が適しています。頻繁に歩き回るような，動きのあるエクササイズは実施しにくいのですが，画面の前の対話で成り立つものなら実施できます。画面越しの呈示や画面の共有によって情報伝達が可能なものを選べば，エクササイズは可能ということです。例えば認知地図も，描いたものを画面越しに見せ合うことで，話し合いの俎上に載せられます。単に紙に描いたものを見せ合うだけでは，細部の点検には適しませんが，概要の把握はできるでしょう。ホワイトボード機能を使ったり，スキャンした図を送信しあったりできれば，絵はよりはっきりします。

　学習者の意見を聞いたり，グループ討論をしてもらったりという営みも，画面越しに可能です。グループ討論には，グループ分割の機能を使ってください。オンラインだと発言しにくいと感じる学生もいる反面，逆にオンラインの方が気軽に発言できるという学生もいます。オンライン授業でも対面授業でも，グループ討論には得手，不得手があります。授業形態に関わらず，発言や意見交換を楽しめるように，気を配っていくのがよいと思います。

　オンライン会議システムの場合，例えば Zoom では，指定した数の集団をつくって，グループ割り当てを自動モード任せにすることができます。そして会議主催者である教員が，メンバーを入れ替えることができます。全員にメッセージを送ってアナウンスをしたり，グループを見に行ったりなどもできます。付属しているさまざまな機能を活用するとよいでしょう。

　オンラインでグループを編成する場合も，司会役と書記役を指定しておくとやりやすいように思います。機械任せなら割り当てがランダムですから，できたグループ内で，名字の五十音や学生番号の末尾2ケタの最も若い人と次の人とか，3番目の人と4番目の人などと指定して，司会と書記の役割を担当してもらうとよいでしょう。話し合い時にはカメラをオンにして，顔の画像を見ながら，マイクを使って意見交換するほうがよいと思います。マイクが不調の場合のバックアップや，あるいはグループでの意見のとりまとめのメモに，チャットを活用する人もいます。

　ハンディキャップのある学生にとって，オンラインは有用なことがあります。物理的な移動が不自由であっても，画面の前に座るだけで授業に参加できます。発話が難しくても，チャットで発言が可能です。遠隔地からの学習参加，例えば県外や海外から出席する学生がいる場合にも便利です。ただし紙の教科書を使う場合，海外だと取り寄せに手間取る場合があるようです。電子書籍が浸透すると，より便利になるでしょう。受信環境の問題は非常に重要で，回線の調子が受講の制約になることがあります。確実に受信できる環境を選んでもらい，また機器の設定も確かめておいてもら

いましょう。受信料の負担，いわゆるギガ問題の緩和には，学内の受信環境の活用も考えてもらうことが必要です。なおセキュリティ面ではいくつか注意すべきことがあるので，情報システムを統括している部署の指示に従って，運用してください。オンライン教育のシステムはいろいろあり，機能や設定も様々ですが，少しずつ試していくとよいでしょう。

　筆者はこれまで通常授業，集中授業，一日講習会の形でオンライン授業を行いました。適した教材と進行方法を使えば，オンラインによるこの授業は成り立つと考えています。

3. 授業構成の例

(1) 学部集中講義

　毎週講義を行う常設授業の他に，集中授業の形態も考えられます。毎週型の授業だと欠席者には内容の連続性が確保できず，前の回の例題を発展させるような課題を使いにくいことがあります。全員が全回出席する保障がないので，出たり出なかったりする学生には，積み上げ式の説得力には限界が生じます。この意味で，集中形式のほうが学習ペースの管理がしやすい面があります。なお時間がかかるエクササイズを使う場合も，時間枠に柔軟性の高い集中型は便利です。

　2日間にわたって実施した，他大学での集中講義の構成例を示します。受講生の主たる専攻分野は心理学ではなく，日本語教育でした。学部レベルの心理学の内容を扱いつつも，専門用語にはできるだけ解説を付けながら進めました。日本語教育への応用を考えられるように事例を選び，日本語分野での資格試験の出題例の説明を組み込んでみました。セルごとの振り返りは，出席確認を兼ねていました。授業前後で評定をするまでの時間的余裕はないのでそれは行わず，主たる内容の節目ごとに簡潔な自由記述を求めました。

　複数学年を対象としていましたが，基本の解説だけでなく，大学院への進学を考える学生や卒論レベルの学生など，研究目線を持つ学生の関心に応えることを念頭に置きました。心理学の知見を将来の研究に生かせるよう，橋渡しを意識しました。学習者の学習レベルが異なっても，それぞれに活用できるようにと，比較的分かりやすい学術論文を使って最終課題を出しました。

　日本人学生を対象としているので，大きな構成は先の章と共通ですが，いくらか仕立て直して集中講義用の編成にしてあります。授業に許容される時間をみて簡略化を図り，日本語教育のバックグラウンドを考慮した内容を組み込み，より幅広い対象者を視野に入れた教育例となっています。

　以下はシラバスの抜粋と，授業の要約です。

【異文化間心理学】（2日間：75分×10回）
1. 授業概要
　　異文化間心理学の着想と知見を紹介し，その教育応用について講義する。AUC-GS 学習モデルを用いた心理教育的セッションを体験的に理解しながら，教材作成に取り入れる方法を考える。実証研究の論文を読み，後続研究への展開を考える。

2. 授業の到達目標
　　異文化間心理学の着想と知見，その教育応用として心理教育的セッションについて理解する。エ

クササイズからの学びを教材作成に活かす力と，参照した実証研究をもとに自らの関心を活かした後続研究を考える力を養う。

3. 授業計画
   第1回 文化の存在と影響への気づき
   第2回 文化の定義と分類
   第3回 異文化接触に伴う心理現象の一般的な理解
   第4回 特定文化との邂逅とその反応
   第5回 異文化接触のための教育的アプローチとしての異文化間教育
   第6回 文化一般的な対処
   第7回 文化特定的な対処
   第8回 在日外国人と在外日本人
   第9回 教材作成の試み
   第10回 実証研究の展開

4. キーワード
   異文化接触，異文化適応，異文化滞在者，心理教育，AUC-GS 学習モデル

5. 参考資料
   (1) 学術雑誌
       『異文化間教育』（異文化間教育学会，ISSN: 0914-6970），
       『多文化関係学』（多文化関係学会，ISSN: 1349-5178），
       International Journal of Intercultural Relations（Elsevier, ISSN: 0147-1767）
   (2) 書籍 「比較文化心理学 上・下」（北大路書房，ISBN: 4-7628-2037-7; 4-7628-2063-6）

(2) 教員免許状更新講習

　異文化間教育は，中等教育の教科教育の科目にはなってはいないこともあって，教育の場で扱える機会は限られています。高等教育でも授業科目となることは多くありません。異文化間教育は本来，研究分野であるとともに実践の分野でもあるのですが，伝達の場は確立していないといえます。異文化間教育という発想や方法を伝える場は，努力して創り出して行く必要があるといえるでしょう。2022 年度限りと伝えられていますが，教員免許状更新講習で取り上げてきたことは，１つの有用な伝達手段であったと考えられます。この講習に限らず学校教員に伝えることで，教育に活かされ，実践の場が生まれることに期待したいと思います。

　近年 10 年ほど，「異文化間教育」という講義を提供してきました。基本的に学際領域なので，実践の内容や方法は多様な形が取れます。筆者の場合は異文化間心理学をベースに，異文化接触や異文化適応の際の心の動きを説明し，滞在者支援や教育方法の話に繋げていました。

　校種や教科は限定していません。日本語の取り出し授業にあたる国語の先生，世界の事象を扱う社会科，外国人児童が言葉に制約されず楽しめる要素のある体育や芸術系科目をはじめ，あらゆる科目の先生方が参加され，幼稚園を含む様々な校種の先生方が来られました。

　実際のところ，教育現場には異文化性を持った児童生徒がいたり，外国にルーツを持つ保護者がいたりすることが増えてきました。そうした方々と接する機会を持った先生方が，この分野に関心を寄せてくださる場合が少なくありません。日常での生徒指導や課外活動での接点が入り口になり，滞在者支援で何をどうしたらよいのかを考え，学校という場づくりや教育活動の実践に活かしたいと願っておられました。英語

教育の先生の参加は少ないので，語学の教科教育との接点は少ないのかもしれません。しかし，留学や国際交流に際しては知っておいて欲しい内容であり，多文化共生や国際的活躍を視野に入れた教育には有用と思います。現場には異文化接触に伴う多様な出来事をめぐる問題意識，そうした事態への指南や助言へのニーズ，経験談からくる知恵や心がけがありますが，一方で，それらをまとめてさらに視野を広げていく異文化間教育という概念は，浸透の道半ばにあるように感じます。

　演習を含むため定員は 20 人に限定していました。受講者へのメッセージとして，学校全体で取り組むことなので，地域や社会全体で考える問題としてとらえていただきたいことをお伝えしました。そして，教育者は次世代の人に大事なことを伝えられる立場にあること，明日から役立てられるのが社会人教育の強みであることを説明しました。そしてこの講習を通じて，異文化間教育という分野と発想を伝えたいという，開設の主旨を述べました。

　他形式での研修の参考にもなると思いますので，講習で使った実際の構成例を紹介します。1 日限りの 6 時間講習です。内容的には，AUC-GS 学習モデルを背景に，選択的に内容の短縮を図りました。実際に使える演習時間は限られています。導入や解説を簡潔にして，演習の数と所用時間を絞り，研究展開の部分は省いています。意見交換に際しては，全員での討論の余裕はないのでグループ単位を主とし，代表に簡潔な発表をしてもらいました。エクササイズは，すべてを全員が経験するのではなく，数人が代表で試して意見を述べてもらう，という方法も使いました。他の人は経験者の様子を見て，それを代理体験とする想定です。エクササイズは実際に体験してもらう方がもちろんよいのですが，概略と反応例を示すに留め，紹介に力点を置いた部分があります。

　この日を契機に発展的な学習ができるよう，使いやすい参考書を，その特徴の説明とともに複数紹介しました。より深い知識へと誘うものとして，継続的に刊行されている「異文化間教育」などの学術雑誌があることを述べ，異文化間教育学会という学術団体の会員となって活動する教員もいることを伝えました。知の創出に加わっていただけるのは，大変幸いなことです。こうした説明は，ワンポイントの知識や技能の伝授に加えて，この分野への入り口機能を果たします。最後の試験では，自作の学習教材の試案をつくってもらいました。

　大学の講義と異なる点は，実用性と焦点の明確さでしょうか。今日一日で何が得られたか，それは実際に使えるかが問われます。このことだけは分かった，これを使ってみよう，という具体的な理解が望まれます。基本の理論は理解の枠組みとして外せませんが，学術的な探究の深みについては，情報紹介の形で将来に託すのがよいでしょう。疲れたり飽きたりを防ぐのに，参加型のアクティビティは役に立ちます。一日が短く感じられたという感想をいただきました。模擬体験型の学習は講習には少なかったようですが，最近は少しずつ機会が増えてきているようです。教室で使えるゲームとその討論などを体験し，対象者に合わせた適用を考えていただき，教材も考えていただいたことは，実際に使ってみたいという見通しに繋がりました。なお初対面の方々との一日限定の出会いですので，参加者ニーズに配慮するにも，参加感を持っていただくにも，また後のグループでのやりとりをスムーズに進めるためにも，簡単な自己紹介は役に立つと思います。

　下記に講習ハンドアウトをもとに，要約を示しておきます。

【異文化間教育】（1日：6時間）

1. 概　要

　　世界的に人口の流動性が高まり，日本の国際化も進展している。帰国・入国児童・生徒，国際家族で異文化に触れながら育つ人々，学校のあるコミュニティに住む外国人も増えてきた。このような時代の中で，児童・生徒や教師や保護者が，異文化との接し方を身に付けていくための教育の方法が開発されてきている。全校種の方に，異文化とのつきあい方を学ぶ「異文化間教育」の考え方と方法を紹介する。

2. 目　標

　　異文化間教育の考え方と実践例について理解を深める。

3. 構　成

　(1)　はじめに

　　1) 参加者自己紹介（仕事，関心）

　　2) 在日外国人数の増加と状況（数，構成，日本語教育）

　　3) 異文化間教育という分野（雑誌，学会）

　　4) 異文化間教育の考え方に関する講義

　　5) ゲストの心理（Uカーブ，Wカーブ，五段階説）

　　6) ホストの心理（個人，社会）

　　7) ゲストとホストの関係（マイノリティ，マジョリティ，集団間関係，帰国・入国児童・生徒の支援）

　(2)　異文化間教育の実践

　　1) シミュレーションゲーム（言語による伝達，全体討論）

　　2) 文化アシミュレーター（ムスリム文化，グループ討論）

　　3) 異文化間ソーシャルスキル学習（アメリカ文化，ロールプレイ）

4. 参考書

　『思いやりとホスピタリティの心理学』北大路書房

　『異文化間教育学大系1：異文化に学ぶ「ひと」の教育』明石書店

　『心理学リーディングス』ナカニシヤ出版

　『異文化間教育』異文化間教育学会（学術雑誌・年2回刊行）

4. 実践研究

(1) 在日留学生クラス

　　他大学の大学院で，在日留学生を主な対象とするクラスで4日間の集中講義を行う，という授業を，非常勤講師として15年ほど担当しました。AUC-GS学習モデルの原型はここで育まれました。

　　異文化適応論という講義題で，希望者が参加する選択科目です。心理学の目で異文化適応を学ぶと同時に，学習者には文化学習の演習の機会でもありました。認知的，行動的な学習を様々に試していきましたが，最終的に見出した最も効果的な構成は，導入に始まり，認知的な学びを経てから最終日に行動レベルの異文化間ソーシャルスキルに至るという，現在のAUC-GS学習モデルの流れです。

　　受講者は数人から20人弱の大学院生でした。学習形態としては，小集団の心理教育的セッションに向いていました。語学の授業のように15人程度を上限にした心理教育の形は，この環境から生まれたものです。後に大型教室でもグループに分割することで教育活動が成立すると分かりましたが，もとは臨床心理的なグループ運営のイ

メージの濃いものでした。留学生の適応支援を意識していたので，日本人学生への適用を考えつくのは後になってのことです。出発点となったこの在日留学生による小集団では，エクササイズを試しては各人の反応を確認し，フィードバックを共有していきました。そこに，体験的な学びをともに重ねていく一体感が生まれていくことが分かりました。異文化滞在者の自助グループ的な空気もあったと思われます。翌年再訪すると前年度の履修者が尋ねてくるようなアットホーム感があり，在学中，何年間も来て手伝ってくれた方々がいました。

　受講生となった留学生には，日本語の方が得手な学生と，英語の方が得手な学生がいました。両方とも同じように使える学生もいました。何人かの日本人の学生が，履修者やヘルパーとして参加していましたが，彼らは国際協力や日本語教育などを専門としていて，丁寧に異文化性に対応することに長けていました。日英語を併用してゆっくりと手間をかけて意思疎通を図ることや，両言語を理解できる人に媒介役を依頼するという運用の原型は，この実践から生まれた方法です。講師は日英語をかわるがわる使い，ほぼ同じような内容を伝え，ホワイトボードへの図解を多用しました。板書と資料は英語を主にしましたが，一部日本語の図表を使ってふりがなを振ったりもしました。

　AUC-GS 学習モデルを最初に紹介した論文は，以下でした。
【田中 共子・中島 美奈子（2006）．ソーシャルスキル学習を取り入れた異文化間教育の試み　異文化間教育，*24*，92-102.】

　在日留学生向けのソーシャルスキル学習を目的として，心理教育的な準備段階を含めたパッケージを考案し，留学生対象の教育のモデルにするという AUC-GS 学習モデルの概念と使い方が始めて提案されました。

　その後，セッションの学習内容は現実に使われることで異文化滞在者の適応支援により効果を発揮すると考え，追跡調査が行われました。以下は，国際応用心理学会議で発表した内容をもとに，英語で報告された論文です。最終段階のスキル学習の報告に力点を置きつつ，背景に使ったモデル全体を説明し，学習したことを日常生活でどう実践したかが触れられています。

【Tanaka, T. (2012). A cross-cultural psycho-educational program for cross-cultural social skills learning to international students in Japan: Focusing on the AUC-GS learning model. *Japanese Journal of Applied Psychology, 38*, 76-82.】

1. 目　的
　　AUC-GS 学習モデルは，文化一般と文化特定の 2 レベルと，文化的な気づき，理解，対処の 3 段階をあわせた 6 セルで構成される。これを使って，異文化間教育の心理教育的パッケージを組むことができる。この学習パッケージは認知と感情のみならず，行動をカバーする点に特徴がある。最終段階の CS セルでは，異文化滞在者に有用な行動レベルの学習が取り上げられる。今回は在日留学生を対象に，認知行動的な学習技法を使って小集団による異文化間ソーシャルスキル学習セッションを試みた。AUC-GS 学習モデルを使った学習における学習者の反応を報告し，その効果について検討する。

2. 方　法
　　大学院で学ぶ 12 人の在日外国人留学生に，4 日間の異文化適応論の集中講義を行い，最終日に在日留学生のために構成された異文化間ソーシャルスキル学習を行った。出身地域の内訳は，東アジ

ア6人，中央アジア3人，アフリカ2人，北米1人。性別内訳は男性4人，女性8人。日本語力は初級3人，中級4人，上級5人。4人の日本人学生がヘルパーを務めた。

　AUC-GS学習モデルの6つのセルに即したエクササイズを実施した。認知地図，ことばの分類，映画の分析，異文化適応段階のストーリー作成，ホストとゲストの文化アシミレーター，日本とアメリカのソーシャルスキル学習である。日本のソーシャルスキル学習では，在日留学生向けのスキルリストから学習希望を募り，道を尋ねる，教授を訪問する，飲み会，間接的断りの4課題場面を取り上げた。場面設定の説明，1回目のロールプレイ，肯定的フィードバック，助言とモデル呈示，2度目のロールプレイとフィードバック，質疑応答が行われた。録画を用いてパフォーマンスの振り返りと評価に使い，1年後にはフォローアップ調査を行った。

3. 結果と考察

　6つのセルの意図に沿った向上が見られたが，反応には個人差が認められた。ソーシャルスキル学習では，実践的な文化理解と対処の自信を得ていた。後日のスキル実践に際しては，安心と満足を感じていた。AUC-GS学習モデルによる学習パッケージは，認知的な体制や感情面の理解を整え，動機づけを高めて行動学習にのぞめる。ソーシャルスキル学習の短期的効果は文化行動の理解と不安の低減，長期的効果は誤解の回避や文化的違和感の低減，対人行動の活発化からくる対人関係形成の進展と考えられ，社会文化的適応の支援や健康教育に活用できる。

　別の年度の異なる留学生を対象に，さらにホストによる他者評価を加えた学習の報告として，以下があります。

【田中 共子（2018）．在日留学生の異文化適応支援のための異文化間ソーシャルスキル学習の実践　第四回アジア未来会議プロシーディングス，2217-2219.】
〈https://www.dropbox.com/s/27coayu1zl8zqtr/AFC4%20Proceedings%20CD.pdf?dl=1〉

　これは日本留学の経験者が多く集まるアジア未来会議において，日本語で発表しコンパクトに論文化したものです。学習者は学習セッションの後，機会を見つけて学びを実践し，対人関係形成に役立てていたことが分かり，異文化適応支援の機能を示唆する結果となっています。

(2) 日本人学生クラス

　留学生版の開発が先立ちましたが，続けて日本人学生対象の教育として AUC-GS 学習モデルが使えるどうかが試されました。異文化接触の認知や行動は，ホストの側から見ても学習の要素になると思われました。そのため教材や教示を調整しながら，日本人学生向けの実践を試していきました。この着想が論文化されたのは，留学生版を提案した論文発表の9年後でした。

　留学生教育に使う場合は，異文化滞在者支援の機能が注目され，滞在者向けの解説に力点が置かれました。留学生は理論や原則が自身にどう適用できるかに関心を持ち，自分の現状を理解し自分に役立つことを探そうとしていました。しかし留学生とともに少数の日本人学生も参加しており，彼らにも異文化接触の読み解きは興味深いものでした。そこで教材と設定を工夫していけば，日本人学生に適したものが作れるのではないかと考えたのがこの日本人学生版開発の契機です。日本人学生にとって，異文化間教育としてはどのような効果が得られるかを探ろうと，日本人学習者の反応をたどってみました。すると，異文化対応の意識や姿勢に変化が見られることが分かって

きました。これならホスト教育や留学準備教育，教養教育としての意味を持たせることができそうです。

　AUC-GS 学習モデルで学ぶことは，異文化接触を心理学的に理解する営みとして考えることができると考えています。その応用範囲は在日留学生に限らず，より広いものにできる可能性があります。留学生の少人数クラスには独特のニーズがありますが，現実的に見て最も需要が大きいのはむしろ日本人対象の教育かもしれません。

　心理教育的な学びの場，模擬体験型の学習という形は，心理学ベースの教育実践としてはなじみのあるものです。心理学の方法や発想を，より一般的な場面に活かしていく教育といえます。これはアクティブラーニングや参加型学習といった，近年次第に注目されてきた学習形態と重なってきます。この意味では今日的な学びの形として活用できると思います。

　以下に，日本人学生を対象として実施した教育例の要約を示します。本書の第 2 章で紹介した教材やその使い方も，この種の営みの一環です。

【田中 共子（2015）．AUC-GS 学習モデルに基づく日本人学生を対象とした心理教育的な異文化間教育の試み　異文化間教育，*41*, 127-143.】

1. 目 的
　知識を伝えることに力点を置く教育ではなく，異文化対応の能力を高めるための心理学的な観点と技法を使った教育として，AUC-GS 学習モデルに基づいた認知・感情・行動にわたる異文化間教育を構想した。留学生教育に使うモデルを一般的な日本人ホストに適用して，その反応から教育効果の評価を試みたので報告する。

2. 方 法
　全 15 回の異文化間心理学を扱う授業にすべて出席した，大学生 19 名（男性 4 名，女性 15 名）を分析対象とした。認知地図，文化のつく言葉の分類，映画の分析，シミュレーションゲーム，文化アシミレーター，日本とアメリカのソーシャルスキル学習，異文化適応に関する講義など，モデルの 6 セルに緩やかに対応させたエクササイズを使った。各セルの前後で，セルが想定する学びの意図を挙げて自己評定を求め，前後差をみた。最終回に，各セルの意図を挙げて，各エクササイズに反映されていると思う度合いを尋ねた。各セルでの学びと活用について自由記述してもらった。各セルの興味深さの評定を求めた。

3. 結果と考察
　セルの想定に沿った反応が得られたが，エクササイズには部分的に機能的な重なりが見られた。セルの積み重ねによる複合的な厚い学びが期待できる。各セルの興味深さに有意差はないが，シミュレーションゲームやロールプレイのような関与度の高い体験は，より印象に残り歓迎されていた。学習者は，文化差や文化葛藤とその対処の理解，および異文化交流の意欲をより向上させていた。現在のホストとしての学びに，将来のゲストとしての学びが加わる二面が認められる。認知的理解に加えて，問題解決や関係形成に繋がる行動面を後押しする効果を指摘できる。

　上記は学習モデルの 6 セルを挙げて，使ったエクササイズへの反応を対比的に見ていったものです。他に，各エクササイズを取り上げた部分的な報告もあります。例えば上記の授業で，初回の参加者を対象に，認知地図のみを分析した論文が，以下です。

【田中 共子・中野 祥子（2016）．異文化間教育の導入的エクササイズとしての認知地図に関する研究ノート　岡山大学社会文化科学研究科・文化共生学研究，*15*, 85-94.】

　　手描き地図の実例と，実物の地図とを比べたときの歪みの集計，意識変容の詳細が報告されています。エクササイズは交換可能ですので，新しいものを使ったら，反応を調べて効果を検証しておくとよいと思います。

5.　自然学習

　　最後に，教室における人為的な学習ではなく，日常場面で起きた自然学習を取り上げた研究を紹介しておきたいと思います。第7章で大学生対象の論文（奥西ら，2009）に言及しましたが，今回は一般のホストファミリーが対象です。これは生活環境での異文化接触の機会が，意図せずして教育実践のフィールドにもなっていた，という状況に焦点を当てたものです。人為的な学習と自然学習における学びの質的な差に関する検討は，今のところまだ十分に詳細化されていませんが，探索的検討は始まっています。興味深い今後の課題といえるでしょう。

　　研究としては，AUC-GS学習モデルが構造化された学習の枠組みとしてだけでなく，自然発生した学習において，経験からの学びの解釈枠組みとして使えるかどうかとの問いが可能です。異文化接触の経験は日常生活に豊富にあります。もともとはそのための準備や対応として，教室での活動がデザインされました。では自然場面で経験を積んだ人は，どんな学びを得たのでしょうか。教室と似たような学びがあるのでしょうか。

　　各セルの学びに該当する学習が認められるかどうかという着眼で，探索が行われました。家庭に留学生が同居するという長期的なホストファミリー体験に注目し，その体験を通じて得た認識を分析するのに，AUCの3段階を基準にしています。こうして自然学習の様相を分類したのが，以下の研究です。仮説の生成に力を発揮する，質的心理学の研究方法を使っています。

【奥西 有理・田中 共子（2013）．地域国際交流の場におけるホストファミリーの異文化接触対応スタイル　質的心理学研究，*12*, 6-23.】
J-STAGE:
〈https://www.jstage.jst.go.jp/article/jaqp/12/1/12_6/_article/-char/ja/〉

1. 目　的
　　ホストファミリー場面は，外国人が家庭に滞在するという，一般市民にとって至近距離で行われる極めて親密な異文化接触である。ホームステイは西洋から導入された仕組みで，文化葛藤を乗り越える経験を期待する。本研究ではこうした従来の「葛藤克服想定モデルの機能性」を検証し，交流パターンの多様性を探って葛藤への対応の仕方の類型化を試み，新たな枠組みの可能性を検討する。

2. 方　法
　　日本人ホストファミリー12名に半構造化面接でゲストの受け入れ体験を語ってもらい，AUC-GS学習モデルのAUC段階へのあてはまりから分類を試みた。A段階は，異文化の認識が認められないか否定する語りのある場合，U段階は葛藤を文化的に理解する語りのある場合，C段階は異文化葛藤に焦点を当てた対処の語りがある場合とした。

3. 結果と考察
　　葛藤対処のあり方は，語りにおけるAUCの各段階の語りの有無で次第に分岐すると考えられた。今回は6タイプが認められた。A段階のあてはまりなしは，文化的気づきを意識化していない「文化自由型」になる。A段階ありのうち，U段階の理解まではあるのが困難に戸惑う「文化困惑型」

と，好みの文化を選択的に肯定する「文化選好型」である。理解の先にＣ段階の対処がある場合が「文化直視型」で，対処は予防レベル，受容レベル，解決レベルの順に発達段階があると解釈された。西洋的価値観から想定される以外のタイプが見出され，それぞれに交流が継続されていることが確認された。日常場面の異文化接触における自然学習を解明する知見として興味深い。

　　上記では，異文化接触の対応には，経験を積むにつれて AUC の段階にそって変化が生じていくと考えられ，「AUC 分岐モデル」が提案されています。異文化接触への対応の仕方を類型化してモデル化した，理論を提案するタイプの研究といえます。従来，先行する西洋の発想をなぞって異文化対応の心得として推奨されてきたのは，異文化葛藤克服想定モデル，すなわち文化差を察知して直視して克服していくことを目指す姿勢でした。これに当てはまる例として，Ｃの対処段階を実施している交流例が確認でき，その下位分類も見出されました。しかしそうはなっていないタイプも見出されており，多様なタイプはそれぞれに異文化交流を継続していました。楽しく活動していたという意味では，これらはみな機能していたともいえます。

　　この枠組みや分類は，経験者が現場での自身の体験を整理するのに使える資料です。どのスタイルを選択するのがよいかは一通りでなく，自分はどうするのか，答えは簡単には出ません。西洋の規範と異なる日本的な異文化対応というものは，果たしてあるのか，議論してみるのも一案でしょう。

　　では，長期間生活をともにする本格的なホストファミリーではなくて，週末だけのホストファミリー体験だったらどうでしょう。上記の派生研究といえる試みがあります。

【奥西　有理・田中　共子・井上　由布子（2013）．短期ホストファミリー体験における異文化に関する学びの構造：AUC-GS 学習モデルを用いた認知行動的反応の分析　岡山理科大学紀要Ｂ人文・社会科学，*49*, 25-34.】
〈https: //ous. repo. nii. ac. jp/? action=pages_view_main&active_action=repository_view_main_item_detail&item_id=2041&item_no=1&page_id=13&block_id=21〉

　　上記を簡単に紹介します。短期ホストファミリー経験者 13 名に半構造化面接調査を行い，留学生受け入れに伴う心情，活動の動機・心得・得たもの，活動期間中の生活・交流・困りごとを聞き取り，AUC-GS 学習モデルの枠組みで分析しています。4 人に AUC3 段階，6 人に AU2 段階，3 人に A 段階の学びが認められ，基本的には長期のホームステイと類似の学習構造を指摘できるとあります。表面的な接触で葛藤を避けることで，葛藤の認識を経ることなく，肯定的認知を先行させて交流を成り立たせている面があるものの，葛藤の可能性は察知しており，特定の文化の知識を獲得して予防的対処や日本文化の解説をする例も見られました。

　　人は異文化接触で何を学び，それはどういう経路をたどるのでしょうか。この問いの立て方自体に異文化性が想定できるのだとしたら，さらに複雑な問いが生まれていきます。西洋的な価値観は，個別性の尊重を重視し，葛藤を直視して乗り越える交流姿勢を想定しがちです。しかし日本での調査結果は，それに当てはまらないホストがいることを示してきました。ではホストのあり方は，社会文化的文脈次第で異なるのでしょうか。日本と他の国々で比較した場合に，バリエーションがみられる可能性を考えることができます。

　これまでのところ，他国のホストについては，中国における調査が試みられています。

【奥西 有理・田中 共子（2010）．中国人ホストにおける日本人留学生との異文化接触
——AUC-GS学習モデルに基づく異文化への認知と対応の整理—— 岡山大学社会
文化科学研究科紀要, *30*, 65-79.】
〈http://ousar.lib.okayama-u.ac.jp/files/public/4/40875/20160528033936115506/hss_
030_065_079.pdf.〉

　この報告では，AUC-GS学習モデルを使って中国人ホストの事例の分類が試みられています。そして日本のホストと異なる点として，文化差を想定しない見方，寛容志向の対応，熱意と誠意の強調などが報告されていますが，一般性の検証は今後の課題です。
　上記の2例はまだ簡易な探索例に過ぎませんが，さらなる問いの萌芽に繋がっていくものと思います。人為的学習や自然学習の詳細を探究していくことで，いっそう多くの問いが見つかり，それらを解くことでさらに知見が蓄積されていくでしょう。AUC-GS学習モデルを使った研究が，幅広く展開していくことを期待しています。

引用文献

Adler, P. S. (1975). The transitional experience: An alternative view of culture schock. *Journal of Humanistic Psychology, 15*, 13–23.

Sozen, A. I., Tanaka, T., & Nakano, S. (2018). The academic culture shock experiences of Turkish international students in Japan: A qualitative study. *The Asian Conference on Education, 2018 Official Conference Proceedings*, 295–307. ISSN: 2186-5892
〈http://25qt511nswfi49iayd31ch80-wpengine.netdna-ssl.com/wp-content/uploads/papers/ace2018/ACE2018_42759.pdf〉

畠中 香織・田中 共子 (2013). 日本のケア現場で就労する外国人労働者らの異文化適応――三層構造モデルを用いた事例的分析―― 多文化関係学, *10*, 69–86.

Hofstede, G., Hofstede, G. J., & Minkov, M. (2010). *Cultures and organizations: Software of the mind, intercultural cooperation and its importance for survival* (3rd ed.). New York, NY: McGraw Hill. (ホフステード, G.・ホフステード, G. J.・ミンコフ, M. 岩井 八郎・岩井 紀子 (訳) (2013). 多文化世界 (原著第3版) ――違いを学び未来への道を探る 有斐閣)

神山 貴弥 (2000). 偏見形成のメカニズムと偏見解消の方策 平井 誠也 (編) 思いやりとホスピタリティの心理学 (pp. 210–216) 北大路書房

Matsumoto, D. ( ). *Culture and psychology: People around the world* (2nd ed.). (マツモト, D. 南 雅彦・佐藤 公代 (監訳) (2001). 文化と心理学―― 比較文化心理学入門 北大路書房)

Mintzburg, H. (1983). *Structure in fives: Effective organizations*. Englewood Clifts, NJ: Prentice-Hall.

中野 祥子 (2016). 日本人学生むけ ムスリム文化アシミレーター 岡山大学大学院社会文化科学研究科 田中共子研究室

中野 祥子・田中 共子 (2019a). ムスリム留学生との交流のために――調査・実践研究から見えてきた日本的共同性の視点―― 留学交流, *100*, 32–43.

中野 祥子・田中 共子 (2019b). 在トルコ日本人における対人行動上の困難――トルコ人との異文化交流における葛藤経験―― 異文化間教育, *50*, 124–136.

中野 祥子・田中 共子 (2019c). 日本人学生むけムスリム文化アシミレーターの改訂版を用いた異文化間教育の試み 岡山大学社会文化科学研究科「文化共生学研究」, *18*, 53–66.

中島 美奈子・田中 共子 (2008). 異文化交流における日本人学生のソーシャルスキル――在日外国人留学生との交流の要領に関する分析―― 留学生教育, *13*, 63–72.
〈https://www.jasso.go.jp/ryugaku/related/kouryu/2019/__icsFiles/afieldfile/2019/07/09/201907nakanotanaka.pdf〉

Oberg, K. (1960). Cultural shock: Adjustment to new cultural environments. *Practical Anthropology, 7*, 177–182.

大橋 敏彦・近藤 祐一・秦 喜美恵・堀江 学・横田 雅弘 (1992). 外国人留学生とのコミュニケーションハンドブック――トラブルから学ぶ異文化理解 アルク

奥西 有理・田中 共子 (2009). 多文化環境下における日本人大学生の異文化葛藤への対応――AUC-GS 学習モデルに基づく類型の探索―― 多文化関係学, *6*, 53–68.

奥西 有理・田中 共子 (2010). 中国人ホストにおける日本人留学生との異文化接触――AUC-GS 学習モデルに基づく異文化への認知と対応の整理―― 岡山大学社会文化科学研究科紀要, *30*, 65–79.
〈http://ousar.lib.okayama-u.ac.jp/files/public/4/40875/20160528033936115506/hss_030_065_079.pdf〉

奥西 有理・田中 共子 (2013). 地域国際交流の場におけるホストファミリーの異文化接対応スタイル 質的心理学研究, *12*, 6–23.
J-STAGE:
〈https://www.jstage.jst.go.jp/article/jaqp/12/1/12_6/_article/-char/ja/〉
J-STAGE:
〈https://www.jstage.jst.go.jp/article/jsmrejournal/6/0/6_KJ00008933827/_article/-char/ja/〉

奥西 有理・田中 共子・井上 由布子 (2013). 短期ホストファミリー体験における異文化に関する学びの構造：AUC-GS 学習モデルを用いた認知行動的反) 応の分析 岡山理科大学紀要B 人文・社会科学, *49*, 25–34.
〈https://ous.repo.nii.ac.jp/?action=pages_view_main&active_action=repository_view_main_item_detail&item_id=2041&item_no=1&page_id=13&block_id=21〉

迫 こゆり・田中 共子 (2017). ブラジル留学における困難体験とその対処――在ブラジル日本人留学生の異文化適応支援に向けて―― 留学生教育, *22*, 19–30.

Segall, M. H., Dasen, P. R., Berry, J. W., & Poortinga, Y. H. (1990). *Human behavior in global perspective: An introduction to cross-cultural psychology*. Boston: Allyn & Bacon. (シーガル, M. H.・ダーセン, P. R.・ベーリー, J. W.・ポーティンガ, Y. H. 田中 國夫・谷川 賀苗 (訳) (1995). 比較文化心理学上巻 北大路書房)

Segall, M. H., Dasen, P. R., Berry, J. W., & Poortinga, Y. H. (1990). *Human behavior in global perspective: An introduction to cross-cultural psychology*. Boston: Allyn & Bacon. (シーガル, M. H.・ダーセン, P. R.・ベーリー, J. W.・ポーティンガ, Y. H.

田中　國夫・谷川　賀苗（訳）（1996）．比較文化心理学下巻　北大路書房）

Shibusawa, T., & Norton, J. (1989). *The Japan experience: Coping and beyond*. Tokyo: The Japan Times.

田中　共子（1994）．アメリカ留学ソーシャルスキル──通じる前向き会話術　アルク

田中　共子（2003）．日本人学生と留学生の対人関係形成の困難に関する原因認知の比較　学生相談研究，*24*(1)，41-51.

田中　共子（2000）．外国人への心理的援助　平井　誠也（編）　思いやりとホスピタリティの心理学（pp. 216-223）　北大路書房

田中　共子（2010）．異文化適応とソーシャルスキル　日本語教育，*146*，61-75.

Tanaka, T. (2012). A cross-cultural psycho-educational program for cross-cultural social skills learning to international students in Japan: Focusing on the AUC-GS learning model. *Japanese Journal of Applied Psychology*, *38*, 76-82.

田中　共子（2015）．AUC-GS 学習モデルに基づく日本人学生を対象とした心理教育的な異文化間教育の試み　異文化間教育，*41*，127-143.

田中　共子（2018）．在日留学生の異文化適応支援のための異文化間ソーシャルスキル学習の実践　第四回アジア未来会議プロシーディングス，2217-2219.
　　〈https://www.dropbox.com/s/27coayu1zl8zqtr/AFC4%20Proceedings%20CD.pdf?dl=1〉

田中　共子・畠中　香織・奥西　有理（2011）．日本人学生が在日留学生の友人に期待する行動：異文化間ソーシャル・スキルの実践による異文化間対人関係形成への示唆　多文化関係学，*8*，35-54.
　　J-STAGE:
　　〈https://www.jstage.jst.go.jp/article/jsmrejournal/8/0/8_KJ00008641663/_article/-char/ja/〉

田中　共子・中野　祥子（2016）．異文化間教育の導入的エクササイズとしての認知地図に関する研究ノート　岡山大学社会文化科学研究科・文化共生学研究，*15*，85-94.

田中　共子・中島　美奈子（2006）．ソーシャルスキル学習を取り入れた異文化間教育の試み　異文化間教育，*24*，92-102.

Tanaka, T., & Okunishi, Y. (2016). Social skills use of international atudents in Japan. *Japanese Psychological Research*, *58*(1), 54-70.
　　Okayama University リポジトリよりリンク:
　　〈https://onlinelibrary.wiley.com/doi/full/10.1111/jpr.12097〉

Thiagarajan, S., & Steinwachs, B. (1990). *BARNGA: A simulation game on cultural clashes*. Yarmouth, ME: Intercultural Press.

姚　霞玲・松原　達哉（1990）．留学生のストレスに関する研究 (1)：生活ストレッサーを中心に　学生相談研究，*11*，1-11.

Ward, C., & Kennedy, A. (1999). The measurement of sociocultural adaptation. *International Journal of Intercultural Relations*, *23*(4), 659-677.
　　〈https://doi.org/10.1016/S0147-1767(99)00014-0〉

八代　京子・町　恵理子・小池　浩子・磯貝　友子（1998）．異文化トレーニング──ボーダーレス社会で生きる　三修社

索　引

事項索引

人名索引

著者紹介

田中共子（たなか ともこ）

筑波大学第二学群生物学類で理学士，同大学院環境科学研究科で学術修士を取得。広島大学大学院後期課程生物圏科学研究科，University of Washington, Department of Psychology, Graduate School に学び，早稲田大学人間科学部にて博士（人間科学）。専攻は異文化間心理学，健康心理学，社会心理学。現職は岡山大学学術研究院社会文化科学学域教授。主要著書に「留学生のソーシャルネットワークとソーシャルスキル」（単著，2000 年，ナカニシヤ出版），「異文化間教育学大系・第一巻・異文化間に学ぶ「ひと」の教育」（共著，2016 年，明石書店），「健康心理学事典」（共編著，2019年，丸善出版）など。受賞に日本健康心理学会本明記念賞（共同，1999 年），日本社会心理学会島田賞（単独，2000 年），第 9 回留学生教育学会優秀論文賞（共同，2018 年）など。

異文化接触の心理学
──AUC-GS 学習モデルで学ぶ文化の交差と共存

2022 年 4 月 10 日　初版第 1 刷発行　　　　　　　定価はカヴァーに
表示してあります

著　者　田中共子
発行者　中西　良
発行所　株式会社ナカニシヤ出版
〒606-8161　京都市左京区一乗寺木ノ本町 15 番地
Telephone　075-723-0111
Facsimile　075-723-0095
Website　http://www.nakanishiya.co.jp/
Email　iihon-ippai@nakanishiya.co.jp
郵便振替　01030-0-13128

装幀＝白沢　正／印刷・製本＝創栄図書印刷株式会社
Copyright © 2022 by Tomoko TANAKA
Printed in Japan
ISBN978-4-7795-1648-1 C3011